Das Buch

Endlich, mein drittes Buch!!!

Wie in meinem zweiten Buch „Türkei eine Campingreise" versprochen, berichte ich von meinen Erlebnissen und Begegnungen während unserer Rundreisen auf dem griechischen Festland und der Halbinsel Peleponnes. Selbstverständlich kommen die Geschichten rund um und mit meinen Menschen nicht zu kurz. Unsere Rundreisen beginnen meist in Igoumenitsa und enden nach verschiedenen Stationen auf dem Festland und der Peleponnes - Halbinsel in Patras. Für dieses Buch habe ich mich an unserer Reise vom Mai und Juni 2019 orientiert.

Der Bär

Für alle, die mich und meine Bücher noch nicht kennen, hier ein paar Infos: Ich heiße Kruemel Schuett und bin ein ca. 28 cm großer, wertvoller, beigefarbener in Deutschland hergestellter Steiffbär. Meinen Reisebärenjob habe ich im März 2007 angetreten und ich bin inzwischen ein sehr erfahrener Reisebegleitbär. Wer mehr zu diesem Thema wissen will, kann das in meinem Buch „Türkei eine Campingreise" nachlesen.

Eins noch, Menschen bekommen Bären und Bären bekommen Menschen. Ich rede sehr gerne entweder von meinen Menschen, meinen Beiden, meiner Menschin oder einfach von Maria und Wolfgang, denn so heißen meine Zwei.

Griechenland

ein Bär zwischen Antike und Badeurlaub

Bibliografische Informationen der

Deutschen Nationalbibliothek:

Die Deutsche Nationalbibliothek verzeichnet diese

Publikation in der Deutschen Nationalbibliografie;

detaillierte bibliografische Daten sind im Internet

über http://dnb.dnb.de abrufbar.

© 2020 Maria Schuett

Herstellung und Verlag:

BoD – Books on Demand, Norderstedt

ISBN 9783751971348

Für alle tapferen Reisebären.

Passt auf Euch auf!

Inhaltsverzeichnis

I

Venedig

Wir sind Camper, das heißt wir reisen mit Auto und Wohnwagen durch die Lande, so von Campingplatz zu Campingplatz. Wer nicht weiß was Camping ist, kann das in meinen bereits erschienen Büchern nachlesen. Camping ist wirklich super, das haben inzwischen viele Leute gemerkt und genau deshalb waren im vergangenen Jahr nicht nur in Griechenland die Campingplätze bis auf ganz wenige Ausnahmen mehr als gut besucht. Natürlich sind überfüllte Campingplätze für die Platzbetreiber super, aber nicht so richtig gut für einen kleinen freundlichen Reisebären und seine Menschen.

Griechenland liegt im östlichen Mittelmeer und genau über dieses Meer kommen wir auch dorthin. Wenn möglich, fahren wir von Venedig aus mit dem Schiff nach Griechenland. Manchmal klappt das mit Venedig nicht, dann geht es halt von Ancona aus in Richtung Griechenland. Venedig ist uns lieber und dort verbringen wir, wenn möglich, vor der Überfahrt nach Griechenland ein paar Tage auf einem Campingplatz direkt gegenüber der Stadt. Strategisch äußerst günstig, weil ich von hier aus einen erstklassigen Blick auf die Stadt habe, ich mit einem kleinen Schiff rüber in die Stadt zum Bummeln fahren kann und der Fährhafen für unser Schiff nach Griechenland gleich nebenan liegt. Überhaupt große Schiffe; die fahren hier ganz langsam vorbei in den Hafen von Marghera. Das ist immer wieder ein grandioser Anblick. Klar wird da von den

Campern viel gefilmt und fotografiert. Ich kann gar nicht zählen, wie viele Fototermine ich hier schon hatte. Im letzten Jahr hab ich dazu in meinem Tagebuch folgendes notiert:

Heute früh, ich konnte es kaum glauben, wurde ich aus meinem kuscheligen Schlafsack für Sonnenaufgangsfotos rausgerissen. Geht's noch? Es ist Sonntag und es war 5:30 Uhr!!!! Aber ich muss zugeben, es hat sich gelohnt. Venedig sah traumhaft schön aus. Hat mir schon gefallen. Nach dem Fototermin hab ich mich wieder in meinen Schlafsack verzogen. Maria ist Duschen gegangen. Übrigens waren noch ein paar andere Camper zum Fotografieren aufgestanden, aber keiner hatte seinen Plüschbären aus dem Bett gezerrt, um ihn als dekorativen Vordergrund zu verwenden.

Ach ja, die Griechenlandfähren! Wir sind schon sehr häufig mit Schiffen der Reedereien Minoan und Anek gefahren. Vor zwei Jahren hatten wir da ein besonderes Erlebnis, ich kopiere das mal aus meinem Tagebuch hier rein.

Die aus Griechenland kommende Fähre von Minoan Lines sollte laut Fahrplan um 22 Uhr schön an uns vorbeifahren. Wer war mindestens eine Stunde mit kleinen Unterbrechungen vorne am Wasser mit fertig eingestellter Kamera? Richtig, meine Menschin! Und was kam nicht? Auch richtig, das Schiff.

Da unser Wecker uns heute früh um 6 Uhr wecken sollte, haben wir das Warten irgendwann aufgegeben und sind ins Bett gegangen. Ich hatte folgende Ideen: Minoan fährt doch nicht ab Venedig und wir haben eine ungültige Broschüre von Minoan, in Griechenland wird gestreikt oder das Schiff ist untergegangen. Die letzte Idee fand Maria nicht so gut. Ich eigentlich auch nicht.

Das Schiff hat uns nachts um 1:30 Uhr aus dem Schlaf geholt. Wir haben nicht fotografiert, sondern nur mal kurz das Rollo hoch gemacht und die Schiffswand bewundert. Drei Stunden später hat uns das Schiff wieder geweckt. Wir haben kein Rollo hochgemacht und keine Schiffswand bewundert. Hallo, drei Stunden Liegezeit für Entladen, Putzen und Beladen? Da kann das Personal doch gar nicht richtig putzen, das ist doch viel zu wenig Zeit.

Wir sind immer wieder gerne auf dem Campingplatz in Venedig, obwohl es für meine Menschen Jahr für Jahr ein Problem gibt. Mücken!!! Ich hab es da echt besser als meine Beiden, Mücken interessieren sich nicht für Plüschbären. Mücken lieben Maria und Wolfgang, obwohl beide versuchen die Mücken mit einer Antimückenlotion auszutricksen. Sogar Maria, die solche Mittelchen für ihre Haut so überhaupt nicht mag, benutzt die Lotion. Funktioniert immer nur für ein paar Stunden und die Ortsansässigen Mücken sind hinterlistig. Sie lauern überall. Vom Duschen kommt Maria meist mit fiesen neuen Stichen an den unmöglichsten Stellen zurück. Im Wohnwagen nutzen wir zur Mückenvertreibung kleine Stinkeplättchen. Meine Zwei, Bär braucht die ja nicht, legen die Plättchen in einen speziellen Stecker, der dann in eine Steckdose gesteckt wird. Den dann entstehenden Geruch mögen die Mücken nicht und flüchten. Ich rieche nur was, wenn ich meine kleine Plüschnase ganz dicht an den Stecker ranhalte. Bin schon froh, dass wir die Dinger haben, kenn ja noch ihre nächtlichen Mückenjagden. Die haben meinen Bärenschlaf ziemlich gestört und ich muss doch fit sein für meinen Reisejob. Ich hab schließlich keinen Urlaub. Ihre Mückenstiche behandeln sie mit einem, wie Maria es nennt, Folterinstrument. Das erste Gerät hat nur eine Saison überlebt, da hatten sie wohl ein paar Mückenstiche zu viel. Maria jammert immer so schön, wenn sie es benutzt. Sie behauptet, das wäre so, wie wenn jemand eine brennende Zigarette auf ihrer Haut ausdrückt. Woher weiß sie das? Hat das schon mal

12

jemand bei ihr gemacht? Auf alle Fälle hilft die Wärme, die das kleine Folterinstrument von sich gibt, gegen die Folgen der Stiche, also gegen das Jucken und die kleinen Beulen, über die Maria meist lange klagt. Ist, was das angeht, ein wenig wehleidig. Komisch, ist doch ein Mädchen.

Über unsere Besuche in Venedig selbst habe ich bereits in meinem letzten Buch einiges erzählt, darum will ich mich jetzt kurz fassen.

Es lohnt sich immer wieder, die Lagunenstadt zu besuchen und jetzt hab ich einen Tipp für Toilettenbesuche. Richtig gelesen, ein Tipp für Toilettenbesuche! Ist wichtig und witzig. Venedig hat gut verteilt öffentliche Toiletten, gibt sogar einen offiziellen Lageplan. Venedigs Toiletten, ich glaub meine Beiden kennen alle. Menschen halt. Maria hat im letzten Jahr zum ersten Mal die Toilette gleich am Fuß der Accademiabrücke besuchen dürfen und obwohl ich Toilettenbesuche so gar nicht mag, war dieser Besuch ein Highlight für mich. Es begann wie immer! 1,50 Euro in den Automaten, der die Drehtür freigibt stecken und auch dann alles normal, bis es an das Händewaschen ging. Maria und moderne platzsparende automatische Händewaschanlagen!! Ein Hahn mit seitlichen Auslegern! Maria hat schnell kapiert, dass es auf einer Seite Seife gibt und hatte schnell die Hände voll mit allerschönstem Seifenschaum. In ihrem Kopf arbeitete es und sie denkt sich, ah links gibt's Seife dann wird es rechts Wasser geben. Und was bitte glaubt sie, gibt es in der Mitte? Sie also flott rüber mit den Händen auf die andere Seite, der Automatik in der Mitte keine Chance gebend, zu zeigen was sie kann. Und was passiert rechts? Es kommt Luft und die verteilt den Schaum aus Seife dekorativ auf ihrer Bluse und ihrem Gesicht. Sie startet etwas fluchend einen neuen Versuch, lässt sich neue Seife geben, und wäscht sich die Hände, nach dem es in der Mitte tatsächlich nach ein wenig Rumgezicke der Automatik Wasser gab. Sie wechselt dann zügig mit ihren Händen zur rechten Seite, lässt ihre Hände trocken pusten und wischt anschließend den Seifenschaum aus ihrem Gesicht und von ihrer Bluse. Leider war ich im Rucksack, ich hätte das zu gerne gesehen. Sie glaubt tatsächlich, dass ihre Handwaschaktion von niemandem beobachtet wurde. Kann schon sein, am Waschbecken neben ihr stand niemand und die Toilettenfee war mit der Damenschlange beschäftigt, die Probleme hatte, die 1,50 Euro in den Automaten zu stecken damit die Automatiktür die Damen hübsch einzeln durchlässt.

Ich liebe Venedig.

Fähre

Und dann kommt der Tag, an dem es für uns in den Hafen zur Fähre geht. Ist nicht weit, schließlich kann man den Anleger vom Campingplatz aus gut sehen und dennoch haben wir es geschafft, uns auf diesem wirklich kurzen Stück zum Hafen zu verfahren. Ich war fassungslos und nein, unser Navi hatte keine Schuld, das muss ich in Schutz nehmen. Meine Zwei haben mal wieder nicht auf unser Navi gehört und sind einfach nicht da rechts abgebogen, wo es ganz eindeutig zum Hafen geht. Wir haben stattdessen den Ort Malcontenta gefunden. Eigentlich wussten wir wo der liegt. In Malcontenta konnte Wolfgang allerdings gut wenden und zurück in Richtung Campingplatz fahren, um dann halt kurz vorher links statt rechts in Richtung Hafen abzubiegen.

Seit einigen Jahren gibt es für Camper nicht nur Camping an Bord, also die Möglichkeit, während der Überfahrt im eigenen Wohnwagen zu schlafen und zu wohnen, sondern auch die Variante Camping all Inclusive. Das wiederum heißt, man stellt sein Wohnwagengespann auf dem Autodeck ab, bekommt Strom für den Kühlschrank und zieht dann für die Zeit der Überfahrt mit Bär, Schlafzeug und Kulturbeutel in eine Zweibettinnenkabine für den Preis einer Deckspassage.

In meinem Buch „Türkei eine Campingreise" habe ich genau beschrieben, wie das ist mit Camping an Bord von Italien nach Griechenland zu reisen. In diesem Buch erzähle ich nun, wie wir mit einer Zweibettinnenkabine für unsere Reise nach Griechenland zurechtkommen.

Diese Zweibettinnenkabine mit Dusche/WC ist überhaupt nicht zu vergleichen mit diesen Superluxuskabinen wie man sie aus der Fernsehserie Traumschiff kennt. Oh nein, ganz und gar nicht. Kein Fenster, ist ja Innenkabine, getrennte Betten, eigentlich eher ganz schmale Liegen und ein winziges Badezimmer mit Dusche. Diese Dusche benutzen meine Zwei äußerst ungern, ist halt sehr eng und mit Duschvorhang! Wer weiß, wann der zuletzt gewaschen wurde. Das Personal hat wegen der kurzen Liegezeiten in den Häfen ja leider kaum Zeit, die Kabinen vernünftig zu putzen. Wir nehmen immer Desinfektionsspray und eine Haushaltsrolle mit in die Kabine. Vor einigen Jahren haben wir auf einer Campingausstellung die mangelnde Sauberkeit der Kabinen am Stand einer der Reedereien angesprochen. Wir haben den Tipp bekommen, an der Rezeption um eine andere Kabine zu bitten. Sollten wir probieren, bevor Maria mal wieder eine Putzorgie veranstaltet. Tagsüber halten wir uns wenig in der Kabine auf. Wir gehen viel spazieren, obwohl, so richtig Auslauf hat man auf den meisten Schiffen leider nicht. Und auch sehr selten einen vernünftigen Laden, in dem es sich lohnt, das Warenangebot zu betrachten. In der Sonne sitzen ist auch nicht so gesund, hat sich allerdings bisher bei sehr vielen Mitreisenden nicht rumgesprochen. Viele versuchen, ihre blasse Haut gegen eine gebräunte Haut einzutauschen, oder ihre bereits vorhandene

Bräune zu intensivieren. Ich bin immer froh, wenn wir uns in einem der Salons häuslich niederlassen, denn da kann ich die Mitreisenden beobachten oder raus aufs Meer gucken. Im vergangen Jahr habe ich tatsächlich Delphine gesehen. Fernsehgucken geht auch, sind allerdings nur griechische Sender eingestellt. Ich guck trotzdem hin. Sollte auf der nächsten Fahrt mal prüfen, ob ich mir da nicht einen anderen Sender einstellen kann. Maria glaubt allerdings nicht, dass das rumspielen an den Fernsehern erlaubt ist. Etwas Abwechslung bieten selbstverständlich auch die Besuche im Self-Service-Restaurant. Ist schon lustig, wie munter alle Passagiere werden, inklusive meiner Beiden, wenn in mehreren Sprachen durchgesagt wird, dass der Self-Service genau jetzt geöffnet hat und alle sollen sich das Essen gut schmecken lassen.

Für mich völlig unverständlich bekommen wir an der Rezeption immer nur die Kabinenkarten für eine Zweibettkabine, obwohl ich stets sehr freundlich aus dem Rucksack rausgucke. Ich muss mir ein Bett mit Maria teilen und da es sich bei den Betten mehr um schmale Liegen handelt, ist das ist nicht ganz ungefährlich für kleine Plüschbären. Ich muss Maria nachts meist einige Male zur Seite schieben, um meine Hälfte der Liege zu verteidigen. Wolfgang kann mit der engen Kabine wesentlich besser umgehen als Maria, er legt sich einfach hin und schläft ne Runde. Die Tageszeit spielt dabei überhaupt keine Rolle. In der Kabine vertreibe ich mir die Zeit mit Spielen auf Marias Tablet und Tagebuchschreiben. Im letzten Jahr hab ich meinen Beiden aus meinem Tagebuch vorgelesen, in der Hoffnung Maria nörgelt rum und übernimmt das Schreiben wieder selbst. Hat nicht geklappt, dabei wäre das so praktisch gewesen, ich hätte dann einfach nur den Urlaub genossen.

Dass Maria es in diesen engen, fensterlosen Kabinen schwer aushält, zeigt sich vor allem morgens. Sie flüchtet immer sehr früh aus der Kabine und ich begleite sie. So fühlt sie sich nicht einsam und ich sammle Pluspunkte.

Glücklicherweise kann Maria ihren morgendlichen Kaffeedurst fürs erste an der Bar stillen, die hat rund um die Uhr geöffnet. Ich bin immer wieder überrascht wie sie es schafft, sich beim völlig übernächtigen Steward einen Kaffee zu bestellen und zu bezahlen. Wahrscheinlich ist ihr Verlangen nach einem Morgenkaffee so groß, dass sie das in jedem Land der Welt schaffen würde. Solange es draußen dunkel ist, setzen wir uns gern in einen Salon und gucken Fernsehen. Maria guckt nicht so gern aufs dunkle Wasser. Ich auch nicht. Sobald der Sonnenaufgang naht, geht es allerdings raus zum Fotoshooting. Blick in die aufgehende Sonne und Probesitzen im Rettungsring. Hauptsache, ich brauch den nicht wirklich. Wir sind nie alleine so früh unterwegs und es sind auch nicht nur all die an Deck, die keine Kabine abgekriegt oder gewollt hatten. Die schlafen eher noch tief und fest. Ne, es sind noch andere Kabinenflüchtlinge unterwegs. Lustig, die sehen genau wie Maria und ich alle etwas fertig aus. Fühlen sich wahrscheinlich auch unwohl in so kleinen engen Kabinen und träumen wie wir vom eigenem Bett, das irgendwo unter uns wartet. Wenn dann endlich im Self-Service Frühstück angeboten wird, gehen wir zügig zurück in unsere Kabine und holen Wolfgang ab. Der wartet meist schon frisch geduscht und angezogen auf uns. Ist Griechenland unser Urlaubsziel, freuen wir uns schon Monate vorher auf die Fahrt mit der Fähre. Sind wir dann auf dem Schiff und ein Stündchen unterwegs, wünschen wir uns ganz schnell im Hafen von Igoumenitsa anzulegen. Igoumenitsa liegt an der Nordwestküste von Griechenland. Ich glaub für eine Kreuzfahrt sind wir Drei vollkommen ungeeignet. Obwohl, so eine komfortable Luxuskabine mit Fenster, eigenem Bett für mich und Frühstück im Bett.........

Parga

Schön, wenn es dann soweit ist und wir in den Hafen von Igoumenitsa einlaufen. Der Hafen ist nicht besonders groß und liegt in einer Bucht. Das Schiff liegt nie lange im Hafen von Igoumenitsa, es will immer ganz schnell nach Patras weiter fahren. Bei den Passagieren die genau wie wir in Igoumenitsa aussteigen wollen, wird gerne ein wenig Panik verbreitet mit dem Hinweis, das Schiff wäre abfahrbereit und würde sofort wieder ablegen. Meist hat dann noch kein Fahrzeug unser Autodeck verlassen, geht manchmal auch nicht, weil ein Fahrzeug die Abfahrt blockiert und der dazugehörige Fahrer sich trotz diverser Durchsagen nicht meldet. Gibt immer mehrere Möglichkeiten, warum der nicht reagiert. Kann sein, er hat nicht mitgekriegt, dass wir bereits im Hafen von Igoumenitsa liegen und er gesucht wird, oder er hat es sich überlegt und will nach Patras weiterfahren. Patras liegt weiter im Süden auf dem Peleponnes und ist für uns meist der Abfahrtshafen Richtung Italien.

Wenn wir die Fähre verlassen und unser Gespann auf griechischen Boden trifft, genießen wir den blauen Himmel, den blühenden Oleander, das Licht Griechenlands und den Duft des Südens. Okay beim Blättern in meinen und Marias Urlaubstagebüchern habe ich mehrfach über Regen bei der Ankunft in Griechenland gelesen. Nicht gelesen habe ich, dass dadurch unsere Freude in Griechenland zu sein getrübt wurde.

Igoumenitsa liegt ja in Nordgriechenland, da kann es schon mal regnen.

Unser erstes Ziel in Griechenland ist Parga, ein netter kleiner Badeort gut 50 Kilometer südlich von Igoumenitsa. Wir kennen die Strecke nach Parga gut und was wir für diese knapp 50 Kilometer definitiv nicht benötigen, ist unser Navigationsgerät. Ich werde durchsetzen, dass wir es für diese Strecke nie wieder nutzen! Im vergangenen Jahr sind wir mit gut 3 ½ Stunden Verspätung in Igoumenitsa angekommen. Ist nicht schön aber auch nicht schlimm. Schlimm fand ich, was Maria sich geleistet hat. Sie hat noch bevor wir in Igoumenitsa angelegt hatten das Navi programmiert. Keine gute Idee, denn das Navi ist manchmal schlau. Es hat gemerkt, dass wir auf einem Schiff unterwegs sind und hatte eine Idee für die Strecke nach Parga. Maria, die geglaubt hat das Navi bietet uns jetzt einen Wasserweg nach Parga an, hat das Navi ignoriert. Unser Navi kann es gar nicht leiden, nicht beachtet zu werden und bietet Maria eine Alternativstrecke an. Und was macht Maria? Die akzeptiert die Alternativstrecke, weil sie tatsächlich glaubt, das Navi bietet uns jetzt die gewohnte Strecke an.

Kann man machen, ja sagen, aber die Route nehmen muss man nicht. Ich verstehe meine Zwei nicht, machen doch sonst auch nicht, was das Navi will. Was soll das also? Zunächst sind wir auch die gewohnte Strecke gefahren, und haben den Vorschlag die Autobahn zu nutzen ignoriert. Da wo wir sonst immer, also wirklich immer geradeaus weitergefahren sind, folgen sie dagegen brav dem Navi und biegen rechts ab. Der Ortsname Parga stand da auf keinem Hinweisschild. Hat sie nur kurz irritiert und meine Einwände wurden beiseite gewischt. Da hatten wir den Salat. Eine Gebirgsfahrt gleich zu Beginn unseres Griechenlandurlaubes. Geht gar nicht! Die normale Strecke nach Parga ist harmlos und da jammert Maria schon ständig rum. Sie muss sich halt immer erst eingewöhnen nach der Fährfahrt. Wir, also Wolfgang und ich, haben versucht ganz ruhig zu bleiben, doch nochmal möchten auch wir diese Strecke mit den engen Ortsdurchfahrten nicht nehmen. Schon gar nicht mit Maria im Auto. Wieso glaubt unser Navi eigentlich, dass die Strecke Gespann tauglich ist? Muss unbedingt überprüfen, ob Maria da was verstellt hat beim Navi.

Von den zwei Campingplätzen in Parga hat Maria schon vor Jahren den Platz am Valtosstrand für uns ausgesucht. Ein idyllischer Platz mit Zitronen- und Orangenbäumen. Er liegt nur ein paar Schritte vom Strand entfernt, ist typisch griechisch und für uns ein richtiger Wohlfühlplatz. Keine Ahnung, ob Maria sich diesen Platz wegen der Zitronenbäume ausgesucht hat oder ob ihr der andere Platz wegen des Hinweises auf eine Schlepphilfe nicht gefiel. Ich frag mich auch was sie gemacht hätte, wenn im Campingführer die Maulbeerbäume erwähnt worden wären.

Ich hab ja schon in meinem letzten Buch geschrieben, dass Maulbeerbäume sehr viele wohlschmeckende, aber halt auch sehr klebrige Früchte haben. Die Maulbeeren kann man essen oder sie einfach mit den Füßen zermanschen und als dicken Wulst unter den Schuhen ins Auto und in den Wohnwagen tragen. Ziemlich eklig. Schlecht, sehr schlecht ist auch, wenn das Auto unter einem Maulbeerbaum stehen muss. Das ist uns hier bisher nur einmal passiert. Parga selbst ist ein sehr schön gelegener kleiner Badeort und wir können gut vom Campingplatz aus zu Fuß in den Ort gehen, der in der Nachbarbucht liegt. Erst geht es am Strand entlang und dann hoch zu einer alten Venezianischen Burg die man besichtigen kann und auch sollte. Der Blick von der Burg auf Parga, mit seinem türkisfarbenen Wasser und der kleinen Insel davor ist wirklich schön. Obwohl wir bereits einen ganzen Haufen Fotos von mir haben die Maria da oben gemacht hat, muss ich jedes Jahr wieder auf der Mauer sitzen und aufs Wasser gucken. Ist mir nie ganz geheuer, so dicht am Abgrund. Maria meint, ich würde mich an der Wand und dem Felsen festklammern. Stimmt nicht!!!! Ich bin nur vorsichtig, versuche entspannt in die Kamera zu lächeln und hoffe, Wolfgang hat mich im Blick. Von der Festung geht's dann in den Ort. Der Ort beginnt zwar oben an der Festung, aber wenn man ins Centrum und an die Promenade möchte, muss man halt richtig runter. Ist so. Zurück zum Platz dann natürlich wieder hoch und dann runter. Parga ist sehr beliebt bei Urlaubern aus England und Skandinavien. Das sind dann sogenannte Pauschaltouristen. Ob wir auch mal so einen Pauschalurlaub machen? Dann schreib ich glatt ein Buch drüber. Hab gelesen, im August verbringen dann viele Italiener ihren Urlaub hier.

Blick von der Festung auf Parga. Ich bin ganz entspannt.

Auf dem Campingplatz treffen wir seit Jahren immer einen älteren Italiener, der mit Papagei und Schäferhund unterwegs ist. Im letzten Jahr waren wir Anfang Mai in Parga und der Platz war die reinste Gänseblümchenwiese. Ich glaub, Maria hat jedes einzelne Gänseblümchen fotografiert. Hab ich nicht verstanden, Gänseblümchen kennt sie doch, haben wir im Garten. Vielleicht möchten die auch mal beachtet und fotografiert werden. Was wir nicht kannten war ein Baum, dessen Blüten wie Flaschenbürsten aussahen. Klar hatte ich da einen Flaschenbürsten-Fototermin. Richtig toll finde ich die Zitronenbäume, sitze allerdings ungern direkt darunter. Ich möchte nicht von einer herunterfallenden Zitrone erschlagen werden. Wir pflücken uns immer einige Zitronen. Das ist hier auf dem Platz erlaubt.

Meine Zwei gehen hier gerne Baden, sind ja nur ein paar Schritte zum Strand. Eine der vielen Liegen die man dort samt Sonnenschirm mieten kann, nutzen sie nie. Sie haben ihr Badelaken und liegen eh kaum in der Sonne. Die Engländer scheuen die Sonne nicht. Was wir da schon an Sonnenbränden gesehen haben. Das muss denen doch wehtun, so mit knallroter, sich pellender Haut. Ist auch kein schöner Anblick. Ich persönlich gehe äußerst selten an den Strand und wenn, dann nehme ich meinen Liegestuhl und meinen Sonnenschirm mit. Ich hab genug Abwechslung auf dem Campingplatz, ist ehrlich gesagt manchmal auch viel interessanter, anderen Campern zu zuschauen.

Da hatten wir vor 2 Jahren griechische Camper, die mir ein echtes Unterhaltungsprogramm geboten haben. Was die alles aus ihrem Wohnwagen rausgeholt haben. Vorzelt, Teppiche, Holzstühle, Tische, Schränke aus Holz, einen großen Kühlschrank, einen Fernseher, einen Backofen und und und....

Über das zulässige Gesamtgewicht ihres Wohnwagens haben die sich bestimmt keine Gedanken gemacht. Kenn ich anders, ich hab gelernt, auf das Gesamtgewicht unseres Wohnwagens und die Gewichtsverteilung im Wohnwagen zu achten. Sicher ist sicher.

Ich höre meinen Beiden gerne   zu, wenn sie von früher erzählen. Letztes Jahr im Mai war hier noch nicht viel Betrieb, also wenig Abwechslung durch andere Camper für mich, da hab ich sie dazu gebracht, mir was aus alten Zeiten zu erzählen. Lange vor meiner Zeit haben hier auf dem Platz richtige echte Eulen gewohnt. Die hätte ich auch gerne gesehen, muss schon toll ausgesehen haben, wenn die so lautlos von Baum zu Baum geflogen sind.

Ungefähr zu der Zeit wurden abends, wenn die Campinggäste in Parga unterwegs waren, ihre Campingfahrzeuge und Zelte von einem Mitarbeiter des Platzes bewacht. Konnten alle Camper beruhigt Pargas Nachtleben genießen. Ich hätt da ja schon mal nachgefragt, warum die das machen. War da mal was? Ist das auf dem Platz irgendwie gefährlich? Meine Zwei haben mich beruhigt, ist nicht und war nie unsicher auf dem Platz. Sie kennen solche „Aufpasser" auf Plätzen von früher. Kommt nicht mehr oft vor, ist aber nicht ungewöhnlich.

Nach ein paar Tagen mit Baden, Bummeln, in der Hängematte rumliegen und Essen gehen, in einem Restaurant auf halben Weg hoch zur Festung, sind wir richtig in Griechenland angekommen und es geht weiter nach Ioannina.

Aber halt, vorher erzähle ich noch von einem ganz besonderen Ort, zu dem wir im vergangenen Jahr einen Ausflug von Parga aus gemacht haben.

Hades

Hades ist der Gott und Herrscher der Unterwelt. Die wurde, wie ich bei Wikipedia nachgelesen habe, als Reich des Hades bezeichnet und deshalb wird die Unterwelt einfach Hades genannt. Wer mehr wissen will, bitte selbst nachlesen, die griechischen Götter sind ein Thema für sich und echt kompliziert.

Nicht weit von Parga entfernt, nahe der antiken Stadt Ephyra, befindet sich im Tal des Flusses Acheron das Necromanteion, das Totenorakel und damit der Eingang zur Unterwelt. Hab auch das noch mal bei Wikipedia nachgelesen.

Maria ist fast ausgeflippt, angesichts der vielen bunten Blümchen in der Ausgrabungsstätte. Vor ein paar Jahren war ich mit meinen Menschen schon mal da, an Blümchen erinnere ich mich nicht. Vielleicht weil da schon Sommer war. Auch wusste ich damals nicht, dass der Fußboden unten im Hades aus getrocknetem Blut besteht. Hat mir Wolfgang erzählt, der hat ein Buch über Orakel gelesen. Obwohl ich Orakelsprüche liebe hab ich hier auf einen Spruch verzichtet. Ich wollte das Orakel nicht wecken. Ist mir zu blutrünstig. Gelegentlich muss ich in Wolfgangs Buch nachlesen, wie das da ablief mit den Weissagungen. Ist mir jetzt zu viel.

Am Zugang zum Hades mussten wir warten, Schüler waren gerade dabei einen Kostümfilm zu drehen.

Ich hätte gerne mitgespielt. Bestimmt wüsste ich dann ganz ohne Wolfgangs Buch genau, wie das im Hades mit den Weissagungen funktionierte.

Der Zugang zum Hades ist eng und steil, trotzdem haben wir den Abstieg ins Totenreich zweimal gewagt. War mir nicht recht, nur wurde ich mal wieder nicht gefragt. Und warum mussten wir zweimal runter? Wegen Fotos!!! Als ob wir da unten nicht schon genug Fotos gemacht hätten. Maria hatte beim Rundgang durch die Ausgrabungsstätte die Idee, mit einer veränderten Kameraeinstellung weitere Bilder aufzunehmen. Ich war so was von geduldig und hoffe, das wird gelegentlich belohnt. Vor einigen Jahren hat sie mich für die Aufnahmen in eine Nische an der Wand und auf den Boden gesetzt. Darf ich nicht dran denken. Getrocknetes Blut!! Jetzt ist es besser, denn ich habe einen Fotositz. Hat Wolfgang mir gebastelt, also Maria hatte die Idee und Wolfgang hat's dann umgesetzt. Meinen „Tupperdosensitz" befestigen wir auf einem Stativ und ich setz mich dann entspannt hinein. Perfekt, erst recht wenn der Untergrund wie im Hades aus getrocknetem Blut besteht.

Ich weiß nicht, wie viele Blümchen wir fotografiert haben mit, und auch einige ohne mich. War anstrengend. Wie viele Blümchen gibt es eigentlich in diesem Land? Sie jammert ihrem Wildblumenbuch nach. Hat sie sich vor ein paar Jahren auf dem Campingplatz in Delphi gekauft. Und wo liegt es? Natürlich zu Hause. Wolfgang hatte sogar noch überlegt, es einzupacken und dann doch zurück ins Regal gestellt. Dabei kennt er doch seine Frau. Die hätte gerne nachgeguckt, wie all die hübschen Blümchen so heißen, die sie fotografiert.

Ioannina

Ioannina, einer meiner Lieblingsorte. Ich kann's nicht anders sagen. Was meine Zwei hier schon alles erlebt haben und ich erst mit ihnen. Hier gibt es die schönsten Unwetter!!! Okay, vielleicht übertreibe ich da ein wenig, wie Maria gerade behauptet, aber wann bin ich schon mal bei einem Unwetter an einem See mitten im Gebirge? Ich hab auch noch nie einen Sturm an der Nordsee erlebt, dabei haben wir es nicht weit dorthin. Maria fotografiert doch so gerne, sie könnte da dann doch ganz besondere Bilder machen. Gut, ich würde mich nicht zu nah an die tobende See setzen und wir müssten sicherstellen, dass mich der Wind nicht wegweht. Ich wieg ja nicht viel und bin extrem Wasserscheu. Aus gutem Grund, dazu später mehr.

Ist nicht weit von Parga bis Ioannina. Sehr schnell geht es, wenn man erst ein Stück zurück in Richtung Igoumenitsa fährt und dann die Autobahn nach Ioannina nimmt.

Natürlich ist es sinnvoll, den direkten Weg zu nehmen und nicht, wie auf der Herfahrt eine kleine Gebirgsfahrt einzulegen. Ist auch nicht sinnvoll, verbotenerweise mit dem Wohnwagengespann durch die kleinen und schmalen Straßen von Parga zu fahren. Gibt schließlich eine schöne breite Umgehungsstraße, muss man halt wenn man vom Valtosstrand kommt scharf links und nicht nur so einfach links abbiegen. Unser Navi hat das ganz richtig angezeigt. Doch so schnell wie Wolfgang abgebogen ist, kam mein Hinweis auf das Navi und das Verbotsschild zu spät. Maria hat mir mit ihren Kommentaren und Hinweisen viel Freude bereitet. Ich bin, das muss ich zugegeben, ein Gewohnheitsbär und es ist Urlaubsfeeling pur wenn sie den Verkehr kommentiert. Tatsache ist halt, sie ist eine miserable Beifahrerin! Darüber habe ich ja bereits in meinen Büchern geschrieben. Da Wenden mit Wohnwagen in den engen Straßen von Parga nicht möglich ist, haben wir also unverhofft eine kleine Stadtrundfahrt gemacht. Wolfgang hat meinen Wunsch, wo wir doch schon mal da sind, ein Päuschen vorne an der Promenade zu machen abgelehnt. Schade.

Statt zur Autobahn zu fahren kann man, und genau das will ich schon lange, in Richtung Süden fahren, links abbiegen, dann rechts und schon wären wir am Ambrakischen Golf. Ein Naturschutzgebiet mit über 280 Vogelarten in einer farbenprächtigen Landschaft. Hab, weil meine Beiden dort schon vor meiner Zeit mehrfach waren, Fotos gesehen. Maria hat dort Muscheln gesammelt und gebadet.

Ich will weder Baden noch Muscheln sammeln aber Pelikane sehen, so wie meine Zwei, will ich schon. Bin gespannt, ob das in diesem Jahr klappt. Wir können ja mal was machen was ich will! Hab doch auch Rechte und nicht nur Pflichten.

So, jetzt aber weiter Richtung Ioannina. Wenn man den Ambrakischen Golf nicht als Tagesausflug von Parga aus einplant sondern als Zwischenstopp auf dem Weg nach Ioannina, kommt man natürlich erst am späten Nachmittag auf dem Campingplatz am See in Ioannina an. Könnte blöd sein, weil die besten Plätze mit Seeblick dann meist schon belegt sind.

Ioannina ist die Hauptstadt der Provinz Epirus und liegt auf einer Höhe von ca. 470 Metern im Nordwesten Griechenlands an einem großen Binnensee, dem Pamvotidasee. Bis März 1913 gehörte Ioannina zum osmanischen Reich und ist wie ganz

Griechenland ein Geschichtsträchtiger Ort mit sehr vielen sehenswerten Museen und einer schönen Altstadt.

Ich schreib ja keinen Reiseführer, sondern ein Buch über meine Reiseerlebnisse und deshalb zurück an den See. Ich liebe ihn und möchte mit unserem Wohnwagen immer so stehen, dass ich einen guten Blick auf den See habe. Gleich beim Campingplatz ist der örtliche Ruderclub untergebracht und mir macht es Spaß, denen beim Training zuzusehen. Hätt nix dagegen, den Trainer zu unterstützen. Im vergangenen Jahr haben wir hier zum ersten Mal auch kleine Segelschiffe gesehen. So kleine Dinger kenn ich von der Hamburger Alster, heißen dort Optimisten. Warum die allerdings auch bei einem nahenden Gewitter draußen auf dem See unterwegs waren, hab ich nicht verstanden. Schließlich waren genau wie in Hamburg Kinder damit unterwegs. Ist doch gefährlich. Gewitter mit Sturm und Regen sind hier im Gebirge keine Seltenheit. Bei der Wahl des Stellplatzes lege ich Wert auf einen gewissen Sicherheitsabstand zum See, denn der schwappt bei Sturm gerne mal über und dann könnten auch ein paar Seeschlagen mit rauskommen. Auf Seebesuch kann ich echt verzichten.

Also, erste Reihe muss nicht sein aber die zweite Reihe schon. Hab ja schon geschrieben, dass ich hier am See meine schönsten Unwetter erlebt habe. Ob meine Zwei das auch so sehen? Ich glaub nicht. Tatsache ist, seit sie hier lange vor meiner Zeit mal einen nächtlichen Sturmeinsatz hatten, werden hier nachts Vordach, Tisch und Stühle weggeräumt. Machen sie meist sogar tagsüber, wenn wir nur kurz im Ort bummeln gehen. Damals waren sie noch mit ihrem roten VW-Bus unterwegs und Maria hing nachts im Nachthemd bei Sturm und Regen an der Markise, damit die nicht wegweht. Wolfgang, auch im Schlafanzug, hat's dann geschafft, die Markise einzurollen. In der Nacht flog so einiges über den Campingplatz, dazu gehörte auch ein Dachzelt. Wie war das denn am Dach befestigt? Hätt ich gerne gesehen. Inzwischen habe ich einige nächtliche Sturmeinsätze mit meinen Beiden erlebt. Ich bleib immer ganz entspannt im Wohnwagen, mach's Rollo hoch und schaue ihnen zu. Ich füg hier mal einen meiner Tagebucheinträge vom vergangenen Jahr ein. Überschrift könnte da lauten „Eine Sturmnacht in Ioannina".Vorab sollte ich noch bemerken, dass wir bei unserer Ankunft in Ioannina einen netten Platz mit Seeblick in der zweiten Reihe für uns ausgesucht hatten. Erst als am nächsten Tag das Wohnmobil direkt vor uns abfuhr sind wir in die erste Reihe umgezogen. So ein Stellplatzwechsel auf einem Campingplatz ist für uns nicht ungewöhnlich.

Ich hätte Maria gerne noch letzte Nacht überredet, mit mir zu schreiben. Was für eine Nacht. Der ganze Campingplatz war in Aufruhr. Marias Schwester Gabriele hatte gestern so um 21:30 Uhr angefragt, ob es bei uns regnet. Hatte es nicht, aber laut Gabis Wetter App hätte es bei uns so richtig Regnen und Stürmen müssen. Und weil die blöde Wetter App Recht behalten wollte, fing es doch glatt an, fürchterlich zu Regnen und zu Stürmen. Wenn wir uns da raus getraut hätten, wären wir binnen Sekunden pitschnass gewesen. Geht gar nicht, speziell in meinem Fall. Ich sag nur Wäscheleine. Und dann der Wahnsinnssturm, der hätte mich womöglich weg geweht. Vielleicht sogar in den See, der extrem ungemütlich aussah, und versuchte an Land zu kommen. Vom See hatten wir genügend Abstand und unsere Kabeltrommel war auch geschützt, nicht so wie bei den Wohnmobilen neben uns auf der Betonfläche. Die wurde etwas geflutet und der Sturm hat eine Kabeltrommel unter das Wohnmobil der Bautzener gedrückt. Nein, unser Stellplatz gefiel uns wegen eines Baumes nicht mehr. Ja, da wären wir wohl lieber in der zweiten Reihe geblieben. Da war kein Baum, der mit seinen Ästen unseren Wohnwagen hätte demolieren können. Wir haben Gabi geschrieben, dass bei uns gerade Weltuntergang war und ihre Wetter App blöd ist. Prompt hat sie uns mitgeteilt, dass wir gleich eine zweistündige Sturm- und Regenpause haben würden. Und schon hatten wir Umzugspläne! Wolfgang ist gleich raus, gucken wo wir hinziehen könnten, am liebsten ohne einen Baum direkt über und neben uns. Schräg gegenüber in der zweiten Reihe war ein freier Platz, der diese Anforderungen erfüllt hat. Dann wurde es etwas hektisch. Hallo, 2 Stunden sollten doch für einen geordneten Umzug reichen. Das ist mehr Zeit als wir üblicherweise benötigen, um unsere sieben Sachen für die Weiterfahrt einzupacken. Es ist mitten in der Nacht und die Campingplatzbeleuchtung ist teilweise ausgefallen und was machen meine Zwei? Stürmen ohne Taschenlampen aus dem Wohnwagen.

Wozu hat Wolfgang eine Stirnlampe? Warum setzt er die nicht auf? Ich hab die Taschenlampen rausgesucht aber meine Zwei haben mein Rufen und Klopfen nicht beachtet. Maria fiel zumindest ein, dass ihr Handy eine Taschenlampenfunktion hat. Vielleicht sollte ich für derartige überstürzte Umzüge einen Ablaufplan schreiben?! Meine Beiden waren total unorganisiert, auch wenn sie später ganz was anderes behauptet haben. Ich frag mich nur, warum Wolfgang dann schimpfend das Stromkabel entwirren musste. Ja auch in so einer Situation will die Kabeltrommel ordentlich eingerollt werden. Überrascht war ich, wie schnell meine Beiden so am späten Abend sein können, obwohl ich ja weiß, dass Maria sich bei Sturm und Regen nicht gerne im Freien aufhält. Der halbe Campingplatz war auf den Beinen. Auf der Betonfläche haben 2 der 4 Wohnmobile den Rückzug angetreten, die Rucksacktouristen haben ihr Zelt durch die Nacht getragen und auch andere Camper haben ihr Hab und Gut gesichert. Gerüchte über noch stärker werdenden Sturm machten die Runde. Letztendlich haben wir dann ganz gut geschlafen und ja, es stürmte wieder und es hat auch noch heftig geregnet. Ich hab nicht nachgeguckt, ob der See einen neuen Versuch gemacht hat, den Campingplatz zu entern oder wenigstens die Schlangen rauszuschmeißen.

Ich füg gleich nochmal einen kleinen Tagebucheintrag zu den Bautzenern neben uns ein. Die standen auf einer Betonfläche gleich neben uns. Auf dieser Fläche befindet sich die Wasserversorgungstation für Wohnmobile und sie wurde ansonsten nur vom Ruderclub genutzt. Im vergangenen Jahr standen dort große Wohnmobile aufgereiht wie auf einem Parkplatz.

Neben uns auf dem Betonplatz stehen Leute aus Bautzen mit einem großen Wohnmobil und einem Anhänger für ihr kleines Auto. Die breiten sich ganz ordentlich aus und scheinen uns nicht zu mögen. Sie grüßen nicht und haben Wolfgang nur ganz verbiestert angeguckt. Wir mögen ihre rosa Schlüpfer allerdings auch nicht auf unserem Platz haben. So quasi fast vor unserem Fenster. Rosa Schlüpper!! Am Ende denken die anderen Camper noch, die würden Maria gehören. So ne hat sie nicht, würde sie nicht kaufen und schon gar nicht tragen. Würde ich auch nicht dulden. Wenn die unbedingt Bäume für ihre Wäscheleine brauchen, sollen sie sich doch richtig auf den Campingplatz stellen und nicht einfach die Bäume auf unserem Stellplatz nutzen. Wir sagen denen aber nix. Will Maria nicht!

Ich lass das jetzt mit den anderen Campern. Obwohl, etwas muss ich noch erwähnen. Heute Morgen musste ich noch vor dem Frühstück raus an den See zum Fotoshooting. Nicht mal mein Fell konnte ich vorher ausbürsten und richtig wach war ich auch noch nicht. Das allerdings hat sich schlagartig geändert als ich zusehen musste, wie der junge Rucksacktourist in den See sprang. Mir fielen gleich die Seeschlangen ein und ich bin mir überhaupt nicht sicher, ob das Wasser sauber ist. Wenn ich nach dem Aussehen des Wassers gehe..... also ich würde meine Tatze da nicht rein halten. Später hab ich gesehen, dass er ohne Blessuren aus dem See rausgekommen ist.

Im See gibt es eine kleine Insel, die mit Ausflugsbooten zu erreichen ist. Die Insel heißt Nisi und ist als Klosterinsel bekannt. Also ein Kloster hab ich dort noch nicht besucht, dazu ist nie Zeit. Wir besuchen meist das Museum vom ehemaligen türkischen Stadthalter Ali Pascha, der dort, bevor ihn die Türken erschossen haben, eine Zeitlang gelebt hat. Ist ein schönes kleines Museum. Es gibt auf der Insel viele bunte Blümchen und Ihr ahnt es schon, genau deshalb ist nie Zeit für die Klöster. Jedes Blümchen schreit Ich, wenn Maria fragt, welches fotografiert werden möchte. Auf dieser Insel sind meine Beiden schon recht häufig von Gewitter und Regen überrascht worden. Ioannina liegt nun mal im Gebirge, da gewittert es ganz schnell mal. So war das auch bei meinem ersten Besuch auf der Insel. Wir waren gerade ins Landesinnere abgebogen, als wir in der Ferne Donnergrollen hörten. Ich kannte die Insel ja noch nicht richtig. Meine Beiden schon, und offensichtlich kannten sie auch diese Situation. Damals, vermutlich schon wieder Jahre her, sind sie in diesem Inselwald rumgestolpert, pitschnass geworden und Maria hatte zerkratzte Beine von den vielen stacheligen Pflanzen. Gibt nicht nur nette Blümchen auf der Insel. Warum hatte sie auch einen Rock an. Ich höre diese alten Geschichten schon ganz gerne. Wir waren übrigens, bevor es mit dem Gewittersturm losging, zurück auf dem Campingplatz. Manchmal können sie so schnell sein.

Hab noch einen Ausflugtipp: Die Tropfsteinhöhle von Perama. Ich hoffe, wir gehen da in diesem Jahr mal wieder rein. Den Hügel Goritsa, in dem sich die Höhle befindet, kann man vom Campingplatz aus sehen. Die Höhle hat eine Fläche von 14800 m². Mit einem Führer kann man einen kleinen Teil besichtigen. Zu Fuß!! Gut 45 Minuten dauert der Rundgang. Haben wir schon mal gemacht. Leider darf man da nicht fotografieren. Hab trotzdem ein Erinnerungsfoto.

Im letzten Jahr haben wir den schon lange geplanten Ausflug zur Vikosschlucht gemacht. Ich mach's mir jetzt einfach und füge dazu meinen Tagebucheintrag ein:

Das war ein super Ausflug. Eine extra Tour in die Berge und das mit Maria. Eine unbekannte Strecke, also hat Wolfgang das Navi programmiert. Aber wer weiß, was er eingegeben hat. Das Navi wollte, obwohl wir wirklich die richtige Straße langfuhren, immer, dass wir wenden. Ich glaub, es hatte keine Lust auf einen Ausflug, also haben wir einfach den Stecker rausgezogen und Maria die Landkarte in die Hand gedrückt. Ist natürlich ein gewisses Risiko. Allerdings nur ein kleines, da Wolfgang die Strecke auf der Karte farbig markiert hat.

Wolfgang hatte zwei Aussichtspunkte rausgesucht, die wir nacheinander besucht haben. War Klasse!

Die Vikosschlucht und ein sehr mutiger Bär. Ioannina ohne Kekse geht nicht.

Schon die Fahrt, wunderbare Kurven. Der erste Aussichtspunkt befindet sich im Ort Monodendri, zu dem eine sehr schmale Straße führt. Vom Parkplatz zum Aussichtspunkt in einem alten Kloster führt ein schöner Fußweg. Der Weg hatte sich gelohnt, zum einen wegen des Blickes in die Schlucht und zum andern wegen des Klosters. Es gibt dort einen kleinen Laden, in dem ein Mönch seine selbstgemalten Ikonen verkauft. Die haben mir gut gefallen die Ikonen. Wir haben zu Hause schon Ikonen hängen und deshalb hab ich es wohl nicht geschafft, Maria zu überreden, mir eine zu kaufen.

Der zweite Aussichtspunkt, Oxya, liegt am Ende einer Straße und von da geht es zu Fuß weiter. Im Reiseführer hatten wir gelesen, der Weg und auch der Aussichtspunkt wären für nicht schwindelfreie Menschen ungeeignet. Das ist falsch! Maria hat ja so richtig Höhenangst und es gab tatsächlich nur ein kleines Stück Weg, wo es mit ihr etwas kritisch wurde. Allerdings hatten wir Glück, denn genau da waren Blümchen, also hab ich ihr gut zugeredet und gesagt, sie soll sich auf die hübschen Blümchen konzentrieren.

Die Schlucht hat eine Länge von ca. 12 Kilometern und die Wände der Schlucht sind 1000 – 1200 Meter hoch. Kann man durchlatschen, durch die Schlucht. Wir allerdings nicht. Zeitaufwand 6 - 7 Stunden und man sollte definitiv keine Höhenangst haben. Hat aber eine von uns! Wandern können wir schon und ausdauernd auch. Die Zeitangabe bezieht sich lediglich auf den Hin- oder Rückweg.

Die Schlucht liegt in einem Nationalpark in dem es Bären geben soll. Hatte das Gefühl, zumindest heute der einzige Bär im Park zu sein. Den Ausflug wiederholen wir dieses Jahr, es gibt schließlich noch einen dritten Aussichtspunkt und wer weiß, vielleicht treffen wir dann einen einheimischen Bären.

In der Nähe von Ioannina liegt Dodona, ein Antikes Heiligtum. Eine Orakelstätte, die ich natürlich schon besucht habe. Dodona liegt in einem wunderschönen Tal, früher etwas abgeschieden. Heute hat das Orakel eine eigene Autobahnabfahrt an der Egnatia Odos. Ah, Egnatia Odos, genauso hieß auch eine Antike Römerstraße. Auf einem Abschnitt der Antiken Straße habe ich in Philippi gesessen. Phillipi liegt in der Nähe von Kavala in der Provinz Makedonien. Den Namen kennt der Eine oder Andere vielleicht aus der Bibel. Der Apostel Paulus war dort. Muss ich gelegentlich mal wieder hin.

Bei meinem Besuch in Dodona hab ich das Orakel gefragt, wann ich Geburtstag habe und wann ich endlich mal einen Geburtstagstisch bekomme.

Die Antwort lautete „ Sei ohne Sorge, die Zeit wird es richten"!

Typisch Orakel, es hielt sich schon wieder alles offen. Andererseits habe ich mit Orakelsprüchen nur gute Erfahrungen gemacht.

Die Weissagung habe ich übrigens 2011 bekommen und ich musste bis 2017 auf die Erfüllung warten. Das Orakel hatte nicht gelogen!!!!!

2011 wusste ich nicht, dass das Orakel in Dodona Fragen eigentlich nur mit Ja oder Nein beantwortet. Bei mir war es also ein richtiges Plappermäulchen. Die Fragen an das Orakel mussten auf kleine Bleiplatten geschrieben werden und ein Priester hat dann die Frage in den Wind gerufen. Aus dem Rauschen des Windes und den Geräuschen der alten Eiche, in der Zeus saß, hat der Priester dann die Antwort gedeutet. War alles sehr kompliziert. Ich muss das in Wolfgangs Orakelbuch nachlesen, möglichst bevor ich das nächste Mal nach Dodona fahre.

Meteora

Bei gutem Wetter, also ohne Sturm, Regen und Nebel benötigen wir für die Strecke Ioannina- Meterora gut 2 Stunden. Maria liebt diese Strecke nicht so richtig, was ich allerdings nicht verstehe. Schließlich ist sie „entschärft", kein Katarapaß mehr, stattdessen ein langes Stück gut ausgebaute Autobahn. Sehr gerne würde ich mal die Landstraße über den Katarapaß fahren. Der Pass liegt in einer Höhe von 1690 Meter und wurde früher „der Verdammte" genannt. Meine Zwei fanden den Pass nie so besonders schwierig zu befahren und das will bei Maria was heißen. Oben auf dem Paß haben sie stets eine kleine Pause gemacht, obwohl es ihnen immer zu kalt und teilweise auch zu nebelig war. Nebel, da sind wir beim Thema! Ich kenne die Strecke von Ioannina nach Kalambaka, das ist der Ort bei den Klöstern, sehr gut. So halb um den See rum und dann hoch ins Gebirge mit wunderschönem Blick aufs Pindosgebirge. Wenn wir Glück haben, gibt es für Maria viele Blümchen zu entdecken, die sie etwas von den Kurven ablenken. Im vergangenen Jahr war alles, fast alles anders. Wir sind bei recht gutem Wetter losgefahren, aber dann. Ich füg einfach meinen Tagebucheintrag vom 13.5.2019 hier ein.

Jetzt ist es 15:30 Uhr und wir sitzen im Matsch auf dem Campingplatz Vrachos Kastraki. Wir haben es geschafft. Wir haben das Unwetter letzte Nacht überlebt, haben dem Navi getrotzt und uns Streckenmäßig durchgesetzt, uns im Nebel nicht verirrt, sind im strömenden Regen hier gelandet und haben uns auf diesem überfüllten Campingplatz ein Plätzchen mit möglichst wenig Matsch und Pfützen ausgesucht. Allerdings ohne Blick auf die Klöster. Die Klöster konnte man bei unserer Ankunft wegen des Nebels und des Regens auch gar nicht sehen. Erst später haben wir Stellplätze mit Sicht auf die Klöster entdeckt. Aber umziehen? Ne machen wir nicht.

Ich bin froh, dass wir heute wie geplant gefahren sind, denn für heute Nachmittag und auch für Morgen sind weitere Unwetter für Ioannina vorhergesagt. Hier regnet es auch und ja, den Bäumen kann man hier nicht entgehen, aber vielleicht stürmt es hier ja nicht. Die Fahrt hierher die war schon was und ich kenn die Strecke ja gut. Unser Navi eigentlich auch, war da doch schon mehrfach mit uns und hatte bisher noch nie behauptet, die Strecke wäre ungeeignet für Gespanne. Nicht mal Maria hat das Navi unterstützt und das, wo es doch so richtig ins Gebirge ging. 21 Kilometer Gebirgsstrecke bevor wir auf die Egnatia Odos kommen. Wir wissen nicht so genau was das Navi wollte, es versuchte immer, uns in kleine schmale Straßen zu lotsen. Wieso sollen die für Gespanne geeignet sein?

Heute Morgen hatten wir Glück, kein Regen in Sicht als wir unser Gespann für die Weiterfahrt gepackt haben. Als Maria gegen 7:30 Uhr modisch gekleidet, sie trug zu ihrem ockerfarbenen Camping-Frottee-Kleid eine dunkelblaue Regenjacke und rosa Flip-Flops mit Herzchen drauf, zum Duschen ging, regnete es noch. Klar war sie sehr froh, als wir ohne Sturm, Regen und Nebel die Autobahn erreichten. Ist kein langes Stück Autobahn, doch schon sehr praktisch. Und dann, ja es wurde grauer und die schneebedeckten Berge konnten wir auch nicht mehr so richtig erkennen, kamen wir aus einem der zahlreichen Tunnels in eine undurchdringliche Nebelwand. Da konntest du kaum das vordere Ende oder den Anfang vom Auto sehen und unseren Wohnwagen auch nicht. Au weia! Das mit Maria nach der Sturmnacht und wo sie doch schon die ganze Zeit mit Regen, Sturm und Nebel gerechnet hatte. Ich fand die Nebelfront super. Muss man sehr vorsichtig fahren, besonders auf der Landstraße, um weder Hunde, Schafe oder gar den Schäfer zu übersehen. Maria war extrem unruhig, dabei macht Wolfgang das schon, und ich war ja auch noch da.

Vorsichtshalber ganz stumm, bloß Wolfgang nicht ablenken. Wir waren alle Drei sehr froh, als wir heute Mittag hier ankamen. Dieses Jahr verbringen wir 2 Nächte hier und ich hoffe, morgen regnet es nicht so wie jetzt gerade wieder. Wir wollen zwei Klöster besichtigen und fotografieren und überhaupt, wann scheint die Sonne und wann wird es so warm, dass wir unseren tapferen kleinen Heizlüfter in eine wohlverdiente Sommerpause schicken können?

Meist reicht uns ein Tag für den Besuch der Meteoraklöster. Sind ja immer schon rechtzeitig zum Mittagessen dort, so dass es nachmittags hoch zu den Klöstern geht.

Ist immer wieder ein Erlebnis. Die Klöster liegen auf hohen Sandsteinfelsen und gehören zum UNESCO-Weltkulturerbe. Einige davon können an 6 Tagen in der Woche besichtigt werden. Jedes Kloster hat einen Ruhetag pro Woche! Kostet nicht viel Eintritt, gibt viel zu sehen aber es gibt Kleidervorschriften. Für die Herren sind Shorts tabu und Frauen kommen nur im Rock ins Kloster, allerdings Minirock geht auch nicht. Ich bin stets korrekt gekleidet, weil ich nicht so einen „passt jedem Rock" überziehen möchte, welche an der Klosterpforte an alle nicht korrekt gekleideten Männer und Frauen verteilt werden. War auch gut, dass wir uns mal auf 2 Nächte Meteoraklöster geeinigt hatten. Unser Ankunftstag war schließlich ein Regentag. Auf dem Platz schräg hinter uns stand ein großes Zelt aus dem viel Gelächter zu hören war.

Eine Familie mit 2 kleinen Kindern hatte viel Spaß bei Matsch, Regen und wirklich kühlem Wetter.

Jetzt füg ich wieder einen Tagebucheintrag aus dem vergangenen Jahr ein:

Auf dem Campingplatz hatten wir eine kleine Straßenkarte bekommen, in der alle Klöster eingezeichnet waren. Unsere Rundfahrt haben wir gleich nach dem Frühstück gestartet. Letzte Nacht hatte es ordentlich geregnet, heute Morgen war es zwar noch etwas kühl aber immerhin kein Regen. So fängt der Tag schon mal gut an. Maria zeigt heute eine gewisse Flexibilität. Sie kommentiert nicht die kurvigen Straßen, nein, heute ist das Parken ein Problem für sie. Wir haben die Klöster bisher ja immer nur nachmittags besucht und waren daher überrascht, wie viel Betrieb hier vormittags herrscht. Sehr viele Reisebusse, Wohnmobile und Pkws, darunter viele kleine Mietautos mit Japanern und Chinesen.

Wir wollten dieses Jahr zwei Klöster besichtigen, das große Meteoron und Varlaam. Wolfgang war sich sicher, beide Klöster haben geöffnet. Klar haben Maria und ich ihm geglaubt und nix kontrolliert. Die Reihenfolge war auch klar, erst das große Meteoron und dann das Kloster Varlaam.

Ach ja, Maria's Parkproblem sind die Abgründe! Sie hat Sorge, Wolfgang könnte beim Rückwärtseinparken soweit zurückfahren, dass unser Auto den Abhang runterrutscht.

Quatsch, macht Wolfgang nicht, hat ja Rückspiegel und guckt auch rein. Hoffe ich doch! Also das große Meteoron, wir finden einen Parkplatz ohne direkten Abhang dahinter, weil da erst noch ein Fußweg und Steinsperren sind. Machen ein paar nette Fotos und dann? Kommt ein Bus! Wolfgang hat's auf einmal eilig, zum Kloster zu kommen. Ist ein Stück zu Laufen, kennen wir ja, und dann kommen Treppen. Wolfgang will vor der Busladung Schüler hoch zum Kloster. Maria ist mit mir beschäftigt und unserem Stativ, wundert sich zwar, dass bei den vielen Besuchern nur die Hälfte der Andenkenstände geöffnet hat und folgt als brave Ehefrau dann doch Wolfgang. Auf dem Weg hierher hatte sie noch angemerkt, dass es ja doch sein könnte, dass nicht beide Klöster geöffnet sind. Die Mönche brauchen ja auch mal eine Pause. Wolfgang war sicher, Varlaam und das große Meteoron haben geöffnet. Also wird ohne die Hinweisschilder zu lesen, losgelaufen. Und was ist? Richtig, die Pforte ist geschlossen! Dienstag's hat das große Meteoron Ruhetag. Tja, auf den Hinweisschildern stand es. Wir hatten ja Glück, dass schon die untere Pforte geschlossen war und wir nicht erst die sehr lange Treppe zur oberen Pforte hochlatschen mussten um festzustellen, dass Ruhetag ist. Wir nehmen es sportlich und versuchen es ein Stück weiter beim Kloster Varlaam. Auf der Fahrt zum großen Meteoron waren wir da schon vorbeigefahren und hatten uns über den großen Andrang dort gewundert. Da war der Parkplatz dann nicht gesichert, jedenfalls der Teil, wo wir einen freien Platz gefunden haben. Wolfgang und ich haben Marias

Bemerkungen ignoriert, soll sich freuen, dass wir überhaupt einen Parkplatz gefunden haben. Wir haben uns viel Zeit genommen für unseren Besuch im Kloster und es hat meinen Beiden sehr gut gefallen. Ich hab von dem Kloster nicht allzu viel gesehen, zu viel Betrieb. Ein, wie ich finde, nicht sehr witziges Foto hat Maria allerdings von mir gemacht. Ich musste mich in das Netz setzen, mit dem früher die Mönche ins Kloster hochgezogen wurden. Gott sei Dank waren wir in dem Moment fast alleine in dem Bereich. Früher gab es zu den Klöstern keine bequemen Zugänge so wie heute. Im Kloster Varlaam gibt es dazu eine sehr schöne Ausstellung, sogar mit einem Film. Da konnte ich genau sehen, wie das mit dem Netz funktionierte. Ich glaube nicht, dass Maria jemals ein Meteora-Kloster besichtigt hätte, wenn der Zugang heute auch noch nur mit so einem Netz möglich wäre. Eins fehlt noch, Maria hat sich, weil es kühl war, heute Morgen nicht zum Tragen eines Rockes durchringen können und lieber eine Jeans angezogen. Sie musste deshalb einen dieser „praktischen Klosterröcke" drüberziehen. Leider hab ich davon kein Foto. Ich glaub allerdings, beim nächsten Besuch zieht sie lieber wieder, egal wie das Wetter ist, ihren eigenen Rock an. Sie hatte sogar einen Rock dabei. Ich weiß nicht, warum sie sich nicht umgezogen, oder so wie andere Frauen den eigenen Rock einfach drüber gezogen hat. Hätt auch komisch ausgesehen aber sie hätte sich bestimmt wohler gefühlt.

Am nächsten Tag ging es dann ans Meer. Keine aufregende Strecke, keine Gebirgsfahrt aber halt, eins war da doch. Aus uns unerfindlichen Gründen hat unser Navi mal wieder auf einer sehr engen Ortdurchfahrt bestanden und uns in eine Einbahnstraße geschickt. Ist ja okay eine Einbahnstraße, aber bitte warum in die falsche Richtung? Ich konnte es nicht glauben und bis heute ist ungeklärt, ob wirklich das Navi Schuld hatte. Wir mussten mit dem Wohnwagen rückwärts wieder raus aus der Einbahnstraße fahren. Gut, dass Wolfgang das kann. Die griechischen Autofahrer haben geduldig gewartet und niemand hat gehupt.

Bei den Meteoraklöstern.

Dion/Olymp

Ist ja nicht so ganz ohne mit meinen Beiden. Im letzten Jahr hatte ich sie soweit: Der Berg der Götter, der Olymp, sollte nicht länger auf meinen Besuch warten. Zeit genug hatten wir und trotz großer Bedenken hatten meine Zwei sich schon wieder für genau den Campingplatz bei Platamon entschieden, den sie so gar nicht mögen. Ich gebe es gerne zu, auch ich mag ihn nicht aber er liegt am Meer und ist ein guter Ausgangspunkt für die Besuche des Archäologischen Parks von Dion und des Nationalparks Olymp. Der Campingplatz ist, wie es so schön heißt, von Dauercampern geprägt und total düster. Das liegt nicht an den vielen Bäumen dort oder weil vielleicht die Sonne zu wenig scheint. Nein, das liegt an den Planen, die die Dauercamper zu lieben scheinen und zwischen die Bäume hängen. Die Planen gibt es in den freundlichen Farben Dunkelgrün und Dunkelblau.

Netterweise hat der Campingplatzchef 9 Stellplätze vorne am Wasser für Umherreisende Touristen reserviert. Die würde auch kein Dauercamper nehmen, so klein wie die sind. Wir haben es geschafft, einen Platz davon zu erobern und ich war voller Vorfreude auf den nächsten Tag, an dem wir vormittags den Archäologischen Park besuchen wollten. Anschließend sollte es gleich weiter auf den Olymp gehen.

Der Götterberg hatte sich uns abends in voller Schönheit gezeigt.

Was wurde aus unserem Ausflug?

Hier mein Tagebucheintrag dazu:

So ein Mist! War nix mit dem Olymp, dabei hätte ich dem Wettergott gerne meine Meinung zu unserem Urlaubswetter gesagt. Das von heute geht gar nicht. Bevor ich es vergesse, Maria hat beim Frühstück von einer heimtückischen Dusche erzählt. Da kam das Wasser einen Moment nicht nur von oben, sondern die Dusche war so eingestellt, dass Wasser auch direkt frontal auf sie zukam. Und das Wasser war zu dem Zeitpunkt auch noch eiskalt. Hat sie recht, die Dusche ist heimtückisch oder vielleicht auch nur vorwitzig. So eine Dusche braucht auch mal etwas Spaß, angesichts der vielen dunklen Planen. Außerdem finde ich, dass der Baum vor uns echt kaputt aussieht. Warum glauben die hier, dass der schiefe Baum mit einem Strick am Umfallen gehindert werden könnte. Wenn der fällt, möchte ich nicht im Weg stehen. Gott sei Dank stürmt es nicht und der Baum würde auch nicht in unsere Richtung fallen.

Ich hatte mich so auf den Olymp gefreut und Maria hatte sich besonders auf Dion gefreut. Ich hatte mich auf den Besuch dort vorbereitet, gibt viel zu Sehen. Alexander der Große soll von Dion aus zu seiner Welteroberung aufgebrochen sein.

Der Olymp hatte sich heute Morgen in Wolken gehüllt. Nicht schlimm, da wir ja zuerst die antiken Stätten von Dion besuchen wollen. Hat Zeus noch etwas Zeit, die Wolken beiseite zu schieben.

Ungefähr eine halbe Stunde Fahrzeit lag vor uns und es regnete nicht. Hat sich schnell geändert. Je näher wir Dion kamen, desto grauer und nasser wurde es. Zunächst nur auf den Straßen, die teilweise regelrecht geflutet waren. Wir sind trotzdem auf den ziemlich leeren Parkplatz vom Archäologischen Park gefahren. Inzwischen regnete es recht heftig. Warum meine Zwei trotzdem überlegten mit mir in den Park zu gehen, verstehe ich nicht. Gut, sie wissen was der Park zu bieten hat, aber HALLO, es gießt gerade in Strömen! Ich hätte gestreikt und wäre nicht aus dem Rucksack, der hoffentlich wasserdicht ist, rausgekommen. Zwar hatte ich meine Regenkleidung schon heute Morgen angezogen, aber bei dem Regen schützt die bestimmt nicht. Die Besucher, die gerade den Park verließen, sahen trotz Regenkleidung pitschnass aus. Ich hab Maria nur kurz angeguckt, zu sagen brauchte ich nix. Leider fiel damit auch mein Besuch im Nationalpark Olymp buchstäblich ins Wasser. Klar, den Gipfel hätten wir eh nicht bestiegen. Geht doch gar nicht mit Maria, aber eine Wanderung auf dem Götterberg hätte ich gerne unternommen. Gibt bestimmt viel zu gucken, und Bären soll es dort oben auch geben.

Muss doch mal im Campingführer nachlesen, ob es da nicht doch in der Nähe einen zumindest fast Planenfreien

Campingplatz gibt. Maria möchte bestimmt immer noch in Dion die Mosaikböden bewundern und ich will auf den Olymp. Ich hab keine Angst vor Zeus.

Ich bin ein total ehrlicher und fairer Bär und mir bleibt keine Wahl, ich muss jetzt was erzählen. Ich rege mich über die dunklen Planen der Dauercamper auf und was ist? Ich hatte es fast vergessen, lese ich doch in einem meiner Tagebücher, dass wir für kurze, sehr kurze Zeit ein dunkelblaues Sonnendach für unseren Wohnwagen hatten. War nur geliehen, gehört Marias Bruder und wir haben es längst zurückgegeben. Wir haben uns ein schönes Sonnendach nähen lassen und reisen jetzt mit einem hellen beigen Sonnendach durch die Gegend. Statt der geplanten 3 Nächte sind wir schon nach 2 Tagen weitergefahren nach Kato Gatzea, auf einen Campingplatz, den ich sehr mag. Aber andererseits ...... wartet es ab.

Platamon

Kato Gatzea

Unsere übliche Griechenlandrundreise führt uns regelmäßig nach Kato Gatzea auf den Pilion. Der Pilion ist ein Gebirgszug der eine Halbinsel bildet und an der Ostseite des griechischen Festlandes liegt. Ist schön dort, gibt viele verschiedene Baumarten, viele Wildkräuter und viele Blümchen. Schön für Maria, hat sie was zu schnuppern und Fotomotive, aber was noch besser ist, es gibt einen Campingplatz zum Entspannen und Wohlfühlen.

Der erste Besuch meiner Beiden auf Camping Hellas liegt lange zurück. Damals hatten sie noch ihren roten VW-Bus und waren auf dem Weg nach Chalkidiki, das sind die drei Finger da oben im Nordosten Griechenlands. Sie sind nur bis Thessaloniki gekommen. Ja, ja der VW-Bus! Ich find es sehr schade, dass ich den Bus nur aus ihren Erzählungen und von Fotos und Filmen kenne. Ich könnte glatt ein ganzes Buch zum Thema VW-Bus schreiben. Hab gerade nachgeguckt, 1998 waren sie mit ihrem Bus hier. Ihre Urlaubsreisen waren damals geprägt von Werkstattbesuchen, ich glaube sie hätten im Schlaf alle VW-Werkstätten an ihren Reiserouten aufzählen können. Nein, sie waren nicht in jeder Werkstatt, so schlimm war es nie. 1998 sprang der Motor schlecht an, also erschien ihnen ein Werkstattbesuch sinnvoll. Es gibt in Thessaloniki eine sehr große VW-Werkstatt und genau die wollten sie kennenlernen. Und jetzt übernehme ich einfachheitshalber den Text aus Marias Tagebuch vom 15.6.1998.

Motor springt wieder nicht gleich an. Ein Werkstattbesuch erscheint uns sinnvoll. Auf in Richtung Thessaloniki. In Katerini die erste VW-Werkstatt gesucht und durch Zufall auch gefunden. Ist gleich neben einem Supermarkt, ganz neu und noch nicht fertig eingerichtet. Meister dort meint er kennt das Problem, könne uns aber nicht helfen. Hat noch überhaupt keine Ersatzteile. Also nächster Versuch in Kalohori/Thessaloniki. Werkstatt nach langem Suchen gefunden. Große eingezäunte Werkstatt mit Wachdienst. Nach etwas Warten kommt dann ein Kittelmensch, der sogar deutsch spricht. Er hört sich alles an und guckt uns mit einem

Gesichtsausdruck an, dem man nichts entnehmen kann. Er lässt sich den Fahrzeugschein geben und entschwindet. Vorher wollte er noch wissen, wie viele Kilometer auf dem Tacho stehen. Neuer Motor, uninteressant. Nach langem Warten erscheint der Herr wieder und sagt „Schalter für Ventilator ist da, aber um das Anlassproblem zu lösen, müsse der Bus für mindestens 2 Tage dort bleiben. Eventuell auch länger, falls ein benötigtes Ersatzteil nicht vorrätig sei. Der Herr reagiert nicht mal auf Fragen, ob man denn nicht evtl. schon mal einige Funktionen prüfen könne. Heute nicht, morgen! Ich fasse es nicht. Schalter dürfen sie einbauen, alles andere wollen wir überdenken. Wie schön, dass wir ein Telefon haben. Wir versuchen meinen Bruder, unseren Haus- und Hofmeister zu erreichen und erfahren, er ist in der Innung. So gegen 15:30 Uhr ist er erreichbar. Der Schaltereinbau braucht so seine Zeit und der Mechaniker will auch an den Motor. Der Kittelmensch schaut tatsächlich einmal den Motor kurz an mit einem Gesichtsausdruck der vermuten lässt, dass er gerade den ersten Motor seines Lebens sieht. Wolfgang weist noch mal auf die Glühkerzen hin. Heute nicht, morgen. Wir haben den Eindruck, er will uns loswerden und unser Problem ist schließlich nicht seins. Hauptsache seine Haare sitzen und die Finger bleiben sauber. Wir entschließen uns, Richtung Athen zu fahren. sollte der Wagen wirklich länger in die Werkstatt müssen, dann lieber dort. Gerade sind wir nach einer kurzen, sehr späten Mittagsrast wieder unterwegs, da klingelt unser Telefon. Mein Brüderchen stellt eine rasche Ferndiagnose und meint, ich kann es kaum glauben, die Sicherung der Vorglühanlage ist durch. Es kann nichts anderes sein. Wir sind erleichtert, bekommen von ihm genaue Hinweise und fahren nach Volos auf einen traumhaften Campingplatz. Leider nicht gleich gefunden. Wir sind zwar erschöpft und hungrig, doch wir wollen es wissen. Michael hat Recht, die Sicherung ist durch. Leider hat Wolfgang keine passende Sicherung dabei, aber mein Bruder hatte uns ja schon ganz genau erklärt, dass wir vorübergehend auch ohne Sicherung fahren können. Nach einem ruhigen Abendessen rufen wir Michael an. Mein Bruder meint, jetzt wüsste ich warum er einen Titel trägt. Er will uns eine Sicherung nach Athen schicken. Sehr schön, erspart uns das weitere Abklappern von Werkstätten. Hier fahren nicht viele Busse von unserem Typ rum. Uns ist längst klar, morgen bleiben wir hier und gönnen uns einen Ruhetag.

Nachzutragen bleibt für mich, dass es auf der Reise tatsächlich zwei Probleme mit dem Bus gab und der Brief mit der Sicherung schon auf sie wartete, als sie zwei Tage später auf dem Campingplatz in Athen ankamen. Ach ja und der Bus ist ein Typ 3!

Bei ihrem ersten Aufenthalt auf Camping Hellas haben sie die holländische Malerin Rita Voerman kennengelernt. Rita, ich nenn sie einfach mal beim Vornamen, lebte zusammen mit ihrem Lebensgefährten oberhalb von Kato Gatzea in Ano Gatzea. Rita hat auf dem Campingplatz für ihre Bilder und ihr Cafe oben in Ano Gatzea geworben. Meine Zwei haben ihr ein kleines Bild, sowie eine von Rita selbst erstellte Wanderkarte abgekauft. In diesem ersten Jahr haben sie sich noch keine Zeit für die Wanderung nach Ano Gatzea genommen. Inzwischen ist diese Wanderung nach Ano Gatzea ein fester Programmpunkt für unsere Zeit auf dem Pilion. Ich muss immer mit, egal wie heiß es ist. Meine Arbeit als Fotomodellbär ist bei Hitze und möglicher in der Nähe lauernder Schlangen nicht immer ganz ungefährlich. Auch auf Eisenbahnschienen musste ich mich schon für Fotos setzen. Hallo? Was, wenn da ein Zug gekommen wäre? Maria hält meine Sorgen für unbegründet. Die Pilionbahn hat ihren Regelbetrieb längst eingestellt und fährt nur an den Sommerwochenenden Touristen durch die Gegend. Und? Könnte ja auch mal nur so die Strecke abfahren und wenn ich dann da sitze.... Tote überfahrene Schlangen haben wir da doch auch schon gesehen.

Rita habe ich leider nicht mehr kennengelernt. Zweimal haben meine Beiden Rita da oben noch angetroffen und jedes Mal ein Bild gekauft, im Cafe Cola getrunken und Maria hat Joghurt mit Honig und Nüssen genossen. Das Cafe gibt es nicht mehr, wir nehmen immer ein Picknick mit und sitzen genau da, wo früher das Cafe war, auf einer Mauer und meine Zwei erzählen mir von Rita.

Auch im vergangenen Jahr wurden wir, wie immer auf Camping Hellas, sehr herzlich empfangen. Es gibt auf dem Campingplatz viele schöne Stellplätze und meist können wir uns zwischen mehreren entscheiden. Im letzten Jahr hatten wir so richtig viel Glück, ein Platz in der ersten Reihe war morgens frei geworden. Ein Platz direkt am Strand mit unverbaubarem Meerblick. Super! Für 6 Tage war das unser Platz, dann wollten andere das Plätzchen genießen. Die hatten ihn reserviert. Okay, könnten wir auch mal machen, den Platz reservieren, nur wissen wir ja nie so genau im Voraus, wann wir wo sind.

Sechs Tage Camping Hellas, da bleibt es nicht aus, Maria denkt über Wäschewaschen nach. Auch so ein Thema mit dem ich ein ganzes Buch füllen könnte. Auf dieser Reise hatten wir doch da auch schon was in Venedig! Was sie sich da geleistet hat erzähle ich im nächsten Buch, da geht's dann um meine Erlebnisse in Italien.

Was ich auf diesem Platz auf gar keinen Fall dulden werde, ist das Benutzen der Waschmaschinen. Gut, dass die in einem verschlossenen Raum stehen, sonst wären die Maschinen vor Maria nicht sicher. Hier sagt man an der Rezeption Bescheid wenn man waschen möchte und bekommt den Schlüssel für den Waschraum oder der Waschraum wird einem aufgeschlossen.

Ist nicht so, dass ich Maria nicht zutraue, die Waschmaschine richtig zu bedienen, nein, ich traue hier eher der

Waschmaschine nicht. Kann ja sein, sie erkennt uns wieder und startet erneut einen Versuch, unsere Wäsche zu behalten, in dem sie sich weigert, nach dem Waschen die Tür zu öffnen. Hatten wir vor einigen Jahren und das war nicht witzig. So eine Situation will ich nicht noch mal erleben, ist doch peinlich.

Bei sechs Tagen hat Maria Zeit genug, die Wäsche mit der Hand zu waschen. Von mir ist eh nix dabei.

Ist sie vielleicht auch zu beschäftigt um auf dumme Gedanken zu kommen. Maria liebt es hier im Meer zu baden, geht sogar oft noch vor dem Frühstück ins Wasser. Kann sie ja machen, ihre Sache, aber mich soll sie mit morgendlichen Strandbesuchen bitte verschonen. Und jetzt gibt's wieder einen Tagebucheintrag von mir und der erklärt ALLES.

10.6.2017 Camping Hellas in Kato Gatzea

Ich bin heute fast ertrunken!!!! Strahlend blauer Himmel und nicht nur die hinter uns sind neugierig und beobachten uns, auch die Holländer auf der anderen Seite vom Weg machen nix anderes als ständig rüber zu starren. Ist ein ganz klein bisschen besser geworden, nachdem Maria Wolfgang drauf aufmerksam gemacht hat. Das haben die mitgekriegt. Sollten sie auch.

So, aber jetzt zum schlimmen Teil des Tages. Ich fasse es nicht. Es begann ganz harmlos. Arglos habe ich mich umgezogen und meine schicke, von Maria genähte Badehose angezogen, mein Glas samt Strohhalm genommen und mich dekorativ in die

Hängematte gelegt. Maria hat fotografiert, auch mit dem Handy um Fotos wegzuschicken und Wolfgang hat gefilmt. Alles gut bis dahin. Dann kommt meine Menschin auf eine ganz blöde Idee und holt das Schlauchboot. Vor 3 Jahren haben wir frühmorgens im Meer damit Fotos gemacht. War ja gut. Außer uns niemand am Strand, das Meer ganz ruhig, kein Wellengang. Und heute? Hallo, es ist später Vormittag, am Strand ist viel Betrieb und es ist auch leichter Wellengang. Ich bin Nichtschwimmer und habe keine Lust, an den Ohren aufgehängt zu werden. Erbarmungslos zieht meine Menschin das durch. Mein „Nein" dringt nicht zu ihr durch und es passiert, was passieren muss. Wasser platscht ins Boot!! Gut, Maria hat mich so schnell wie sie konnte (Wolfgang hat sich nicht bewegt) aus dem Boot genommen, aber zu spät, ich war etwas nass. Salzwasser!!!! Maria geht nach dem Baden immer duschen. Das will ich nicht!!! Dann bin ich ja erst richtig nass. Maria ist untröstlich, nur das hilft mir jetzt auch nicht weiter. Ich bin jetzt auf sie angewiesen und es hilft mir nicht, wenn ich jetzt zickig reagiere. Außerdem bin ich ja kein Mädchen. Sie trocknet mich ab und rubbelt mich mit einem Tuch, das sie immer mal im Wasser durchspült, ab. Anschließend, es ist so peinlich, muss ich mich splitterfasernackt in die Sonne legen. Das war nicht lustig. Jeder der vorbeigeht und auch unsere neugierigen Nachbarn können mich sehen. Wenigstens sind mir die Wäscheklammern und Wäscheleine erspart geblieben. Als ich endlich getrocknet war, hat sie mich mit Wolfgangs Haarbürste gebürstet. Ich seh jetzt fast wie neu aus und bin neugierig wie sie das wieder gutmachen will. Das kostet sie so Einiges. Vielleicht wäre das auch ein Grund, den Reisebärenjob zu kündigen und über eine Abfindung zu verhandeln. Nur was mache ich dann? Ne ich bleibe, aber DAS lass ich mir nicht noch mal gefallen.

Da war noch alles in Ordnung.

Nicht nur Maria geht morgens gerne schwimmen, nein da ist noch die nette ältere Dame, die wir mit ihrem Mann hier schon seit Jahren immer wieder treffen. Sie haben hier einen der schönsten Stellplätze überhaupt. Eine kleine „Insel" mitten auf dem Campingplatz mit kleiner Hecke, dichtem grünen Rasen an dem sich unser Rasen zu Hause gerne mal ein Beispiel nehmen könnte und sie haben Meerblick. Ihr Platz sieht sehr idyllisch aus. Vor ein paar Jahren als Maria und die nette ältere Dame morgens beim Duschen waren, kam ihr Mann in den Damenduschraum und verkündete lautstark seine Anwesenheit. Als Maria dann aus der Dusche kam, meinte er, prompt „Sagen sie jetzt nicht was macht der Mann hier" Maria hat nur kurz geguckt und ihm geantwortet „Ich frage mich eher, was der Hund hier macht". Die Antwort von ihm war super „Das ist eine Dame". Na dann!

Damals machte er jeden Morgen einen Rundgang über den Platz, Gucken ob alles in Ordnung ist.

Bin gespannt ob die Zwei auch dieses Jahr wieder da sind. Gibt immer wieder interessante Camper. Im letzten Jahr hat ein Franzose neben uns den Strand und das Meer gemalt. Ich hab mal rüber geschielt, gefiel mir, sein Bild. Maria fotografiert ja viel, vor allem Blümchen und mich!!! Im vergangenen Jahr hat sie zum Geburtstag eine Glaskugel bekommen. Nein, nicht zum Wahrsagen, die ist für besondere Fotos. Und so wie wir im letzten Jahr standen, direkt am Strand, kam sie glatt schon vor dem Frühstück auf die Idee, mit mir die Glaskugelfotografie erneut auszuprobieren. Muss man bei Sonnenschein sehr aufpassen, in Parga hatten wir die Kugel auch schon mal für Fotos draußen und fast den Campingplatz in Brand gesteckt. Nee haben wir nicht, hätte aber passieren können, wenn Wolfgang uns da nicht genau im Blick gehabt hätte. Ist schon super die Kugel, guckt Euch mal das Foto an.

Ich war zwar hier auf dem Campingplatz noch nie im Laden oder im Restaurant, weiß aber, da sitzt seit Jahren ein Pandabär. Spricht wahrscheinlich nur Griechisch. Das kann ich nicht, aber hier auf dem Platz wird auch Deutsch gesprochen. Das ist schon praktisch, Maria liebt es im Restaurant die Speisekarte erzählt zu bekommen. Sie probiert hier gern für sie neue Gerichte aus. Bisher hat ihr alles sehr gut geschmeckt.

Wir wären im letzten Jahr sicher auch länger als 6 Tage auf Camping Hellas geblieben, aber das Orakel von Delphi fragte sich bestimmt schon, wann denn endlich der kleine nette beigefarbene, in Deutschland hergestellte Steiffbär, endlich mal wieder auftaucht! Bald!!!

Für alle, die mich noch nicht so gut kennen, eine kurze Anmerkung.

Mein Geburtsort ist Giengen an der Brenz und nicht irgendein Ort in China, wie Maria behauptet. Mehr zu diesem Thema steht in meinem Buch „Türkei eine Campingreise".

Ich hab gerade einen Tagebucheintrag vom 11.6.2017 gelesen, der eine für meine Menschen recht typische Situation beschreibt und deshalb füge ich den hier einfach mal mit ein.

Heute war echt was los. So kurz nach fünf Uhr heute Morgen ist Wolfgang wach geworden. In der Ferne hat er es donnern gehört. Er hat ein wenig gestöhnt und vor sich hin gemurmelt und es damit geschafft, Maria zu wecken. Wir wollten ja heute fahren und es ist wie immer, wenn sie abends nicht mal schon unseren ganzen Kram draußen wegpacken. Das heißt Sonnendach abnehmen, Teppich zusammenlegen (auch wenn die Campingplatzkatzen ihn vermissen werden)und wegpacken, genau wie Tisch und Stühle. Wenn wir das alles nicht machen aber weiterfahren fahren wollen, kommt mit Sicherheit ein Gewitter oder es regnet. Sie haben dann im Nachtzeug erst den Tisch weggeräumt, dann recht flott das Sonnendach abgenommen und es sogar noch geschafft, den Teppich und den Mülleimer einzupacken. Sogar die Zeltleinen, und bis auf einen Zeltnagel war alles rechtzeitig vor Regenbeginn eingepackt. Witzig diese nächtlichen Einsätze, ich liebe sie. Ist zu schön, wenn meine Beiden diskutieren, ob sie das jetzt machen oder nicht! In diesem Fall war es richtig und außerdem waren draußen 20°, also gefroren haben sie nicht. Als Maria gegen 7:30 Uhr zum Duschen ging, gewitterte es immer noch. Gern werfe ich nach so einer Nacht mal einen Blick auf andere Camper, denn die sehen häufig nicht besonders glücklich aus. Allerdings, das weiß ja sogar ich inzwischen, im sonnigen Süden ist es nicht immer sonnig. Wir haben gemütlich drinnen gefrühstückt und als wir abfuhren, schien die Sonne.

Thermophylen

Ich mag die Strecke von Kato Gatzea nach Delphi. Ist landschaftlich schön und wir machen fast immer an den Thermophylen eine kleine Badepause.

Oh, da fällt mir noch etwas zum Thema andere Camper auf Camping Hellas ein. Frühstücksfernsehen mit Jens Riewa! Wirklich kein Witz, das kann man haben. Kostet nichts extra. Blauer Himmel, Sonnenschein, angenehme Temperaturen, Blick auf's Mittelmeer und nett gedeckter Frühstückstisch vor dem Wohnwagen, das lieben wir und wenn ich gelegentlich an den Honigtopf dürfte, wäre es noch besser. So war die Situation, als im großen Wohnmobil neben uns die Fenster geöffnet wurden und der Fernseher in unsere Sicht- und Hörweite gerückt wurde. Jens Riewa in Griechenland zum Frühstück. Wir mögen Jens Riewa, aber bitte alles zu seiner Zeit am richtigen Ort.

Gibt viele Camper, für die der Empfang der heimatlichen Fernsehsender echt wichtig ist, ganz egal, wo auf der Welt sie gerade sind. Ist ja okay, aber wär schon nett, wenn wir dann trotzdem noch die Spatzen zwitschern hören würden.

Maria füttert, egal wo wir gerade sind, unglaublich gerne die frechen Spatzen. Die sind so was von frech, landen auf unserem Frühstückstisch und bedienen sich direkt aus dem Brotkorb. Da kennen die nix.

Übrigens abends, wenn im Fernsehen ein Fußballspiel übertragen wird, gucken wir heimlich gerne mal mit.

Wo war ich eigentlich gerade? Ach ja die Mittagsrast an den Thermophylen.

An den Thermophylen hat Spartas König Leonidas gegen die Perser gekämpft. Ist ewig lange her, 480 vor Christus. An den Thermophylen erinnert eine große Statue an König Leonidas. Das Ziel unserer Mittagsrast sind allerdings die heißen Schwefelquellen in der alten Kuranlage. Wir wissen nicht, ob die Kuranlage noch in Betrieb ist, im letzten Jahr waren in den Gebäuden Migranten untergebracht. Wolfgang nutzt unsere Pause dort immer zu einem Bad in dem heißen Wasser. An den Schwefelgeruch gewöhnt man sich ganz schnell. Das Baden ist nicht ganz ungefährlich, die Badestelle ist naturbelassen und extrem glitschig. Ohne Badeschuhe geht es trotz der gespannten Halteseile nicht. Ich hab keine Badeschuhe, kann Wolfgang also nicht begleiten und ob ich den Schwefelgeruch je wieder los würde? Und Maria? Die hat zwar Badeschuhe, behauptet allerdings immer, sie müsse auf das Gespann aufpassen! Macht Spaß zuzugucken, wie sich die Besucher Mühe geben, nicht zu stürzen und Maria zu beobachten, die immer Angst hat, Wolfgang könnte stürzen. Der passt schon auf, dem passiert nix. Wenn Wolfgang es dann geschafft hat, sicher aus dem Wasser rauszukommen, geht es weiter Richtung Delphi und das heißt, ab ins Gebirge.

Im Hintergrund die heiße Schwefelquelle.

Delphi

Es geht so richtig die Berge hoch, aber ich hab schon so viel über Marias Beifahrerqualitäten geschrieben, dass ich das hier jetzt lasse. Wir versuchen nicht mehr hinzuhören, wenn sie Ampeln, Kurven, Schilder, Abgründe und andere Verkehrsteilnehmer erwähnt.

Manchmal gelingt es uns sie abzulenken, in dem wir ihr Wolfgangs Filmkamera in die Hand drücken.

Aber jetzt Delphi! Delphi liegt nördlich des Golfs von Korinth in Mittelgriechenland in ca. 700 Metern Höhe. Wie für Orakelstätten üblich, in einer landschaftlich schönen Gegend.

Gibt bei Delphi mehrere Campingplätze. Ich bin ein Gewohnheitsbär und deshalb nehmen wir stets Delphi Camping. Ist schön dort, der Platz ist auf 3 Terrassen angelegt und wenn wir Glück haben, stehen wir auf der großen mittleren Terrasse direkt am Zaun mit einem wunderschönen Blick auf einen Olivenhain und die Bucht von Itea. Seit 1992 kennen meine Beiden diesen Campingplatz. Damals sind sie zum ersten Mal mit einer Fähre von Italien nach Griechenland gereist.

Von dem Schiff, der Erotokritos, schwärmen sie noch heute. Das wäre noch ein richtiges Schiff gewesen! Und wie heißen die Dinger mit denen wir jetzt fahren? Sind das keine Schiffe? Sie waren damals mit ihrem sagenumwobenen roten VW-Bus unterwegs und ihre Campingstühle und der Tisch waren in einer selbstgebauten Alukiste auf dem Dach untergebracht. Meine Zwei, die den Blick auf die Bucht von Itea genossen haben und unbesorgt wie sie waren den Deckel der Alukiste nicht richtig geschlossen hatten, wurden von einem Gewittersturm überrascht. Das hatte Folgen für die weitere Reise, sie mussten den Deckel der Alukiste während der restlichen Reise mit einem Spanngurt sichern. Im Gegensatz zum Bus haben wir die Kiste noch, steht bei uns im Keller und der Deckel muss schon lange nicht mehr mit einem Spanngurt gesichert werden.

Übrigens, Gewitter sind hier gar nicht so selten, vor einigen Jahren saß Maria entspannt in ihrem Stuhl am Zaun und hat den Blick auf die Bucht und die Wolken am Himmel genossen, als so ziemlich genau neben ihr ein Blitz einschlug. Sie war ruck zuck bei mir im Wohnwagen. Wolfgang hat die Szene zufällig gefilmt, der Blitz ist im Film deutlich zu sehen.

Klar waren wir auch im letzten Jahr auf dem Campingplatz und leider war es ein wenig anders als wir uns das erträumt hatten.

Ihr kennt es ja schon, jetzt kommt ein Tagebucheintrag den ich am Tag nach unserer Ankunft geschrieben habe.

Und dann unsere Ankunft hier in Delphi, eine einzige Enttäuschung. Von unten konnten wir sehen, dass es da, wo wir am liebsten mit unserem Wohnwagen stehen, offensichtlich einige freie Plätze gab. Stimmt, gab es, nur nicht für uns. Am nächsten Tag würden ZWEI Gruppen erwartet und die hätten alle Plätze auf der schönen mittleren Terrasse reserviert. Mist, wir wollen hier vier Nächte bleiben und die würden wir gerne auf einem schönen Platz, möglichst mit Blick auf die Bucht von Itea, verbringen.

Immer diese Gruppen, eine geht ja noch aber Zwei? Mist! Die Begrüßung durch die Campingplatzchefs war wie immer sehr freundlich. Sie haben uns einen ganz kleinen Platz mit schönem Blick auf die Bucht in der unteren Etage angeboten. Alternativ ein Platz in der obersten Etage mit Blick auf die Betondecke des Waschhauses. Na super! Da der Platz in der unteren Etage für unser Gespann leider viel zu klein war, blieb für uns nur der Ausblick auf das Dach des Waschhauses. VW Busfahrer aus Österreich die kurz vor uns angekommen waren, durften dort oben in eine Ecke mit einem kleinen Sitzplatz am Zaun. Ja die hatten Glück, sie haben noch einen Platz mit Blick auf die Bucht bekommen. Für uns wäre allerdings auch der Platz zu klein gewesen. Ohne jede Begeisterung haben wir den Platz mit Blick auf die Betondecke genommen. Auf Delphi verzichten und gleich weiterfahren oder gar auf einen der anderen Campingplätze wechseln sind keine Optionen für uns.

Der Campingplatz ist ein Familienbetrieb, zu dem auch ein Olivenhain gehört. Die im Familienbetrieb hergestellten Produkte aus Oliven können hier im Campingplatzladen und auch übers Internet gekauft werden. Seit ein paar Jahren werden die Campingplatzgäste kurz nach ihrer Ankunft mit einer Kostprobe einiger Produkte verwöhnt. Maria hat dazu flugs noch einen Salat gezaubert und meine Zwei haben es sich schmecken lassen. Anschließend waren sie im Laden einkaufen, Mitbringsel und ihren eigenen Jahresbedarf an Olivenöl.

Das wollten sie lieber vor dem Eintreffen der Gruppen erledigen, zudem war unklar, wie lange wir hier bleiben werden.

Maria und ich haben einen langen Spaziergang über den Campingplatz gemacht und da wir sowohl Fotoapparat als auch meinen praktischen Tupperfotositz dabei hatten, die Zeit für Fotoaufnahmen genutzt. Wir lieben den Ausblick auf die Bucht von Itea und auf den Ort Chrissa, der gleich unterhalb des Campingplatzes liegt. Da fällt mir ein, vor einigen Jahren waren wir am Pfingstsonntag hier und der Gottesdienst der in der Kirche stattfand, wurde nach draußen übertragen. Die friedliche und feierliche Stimmung, zu unserem Sonntagsfrühstück im Sonnenschein, werde ich bestimmt nie vergessen obwohl auch an diesem Tag der Honigtopf für mich tabu war. Maria stellt sich so was von an.

Nach einem letzten Blick auf die Bucht sind wir traurig zurück zu unserem Wohnwagen gegangen. Beim Duschen heute Morgen hatte Maria die Idee, unseren Frühstückstisch auf die herrlich freie mittlere Terrasse zu stellen. Nicht schlecht, ist ja eher unwahrscheinlich, dass die angemeldeten Gruppen schon am frühen Vormittag eintreffen. Als Maria vom Duschen zurückkam, waren die Österreicher bereits Abfahrbereit, sie erzählten, sie würden überall meist nur eine Nacht bleiben. Ich glaub, die haben auf Maria gewartet, denn bevor sie fuhren, wollten sie unbedingt etwas über mich wissen. Sie haben mich gestern bewundert (hab ich gar nicht bemerkt) und sich jetzt nach mir erkundigt. Maria hat ihnen ein leider schon gebrauchtes Lesezeichen geschenkt. Warum hatte sie kein neues Lesezeichen griffbereit, haben wir doch extra als Werbegeschenke drucken lassen. Hoffentlich kaufen die Österreicher meine Bücher, kann aber auch sein, sie warten auf Buch Nummer 3. Da schreiben wir ja über unsere Griechenlandreisen.

Maria hat unseren Frühstückstisch dann auf den Platz der Österreicher gestellt, war ja dichter am Wohnwagen. Wir hatten gestern gesehen, dass es in der unteren Etage auch einige großzügige Stellplätze gibt. Wolfgang ist noch während des Frühstücks runter gucken, ob dort jemand abgefahren ist. Es waren tatsächlich 2 Plätze frei geworden.

Jetzt haben wir ein sehr schönes Plätzchen mit Blick auf die Bucht und meinem Besuch beim Orakel steht nix mehr im Wege. Wolfgang hatte gestern beiläufig erwähnt, dass wir (also ich ja nicht)vor 27 Jahren das erste Mal hier waren und gerade eben wurden wir gefragt, ob wir zufrieden sind. Sind wir absolut!

Ich glaube, jetzt ist es an der Zeit, Gruppenreisen zu erklären. Wir sind typische Individualcamper, das heißt wir organisieren unsere Reisen selbst. Wir studieren Landkarten, wälzen Camping- und Reiseführer, studieren bei Bedarf die Angebote verschiedener Fährlinien, lassen uns vom ADAC Reiseinformationen zuschicken und schauen uns je nachdem welches Ziel wir haben auch die dazu passenden Informationen des Auswärtigen Amtes an. Nach den Erfahrungen mit diversen Camping-Reisegruppen speziell im vergangen Jahr, haben wir uns in diesem Jahr auch deren Reiseangebote genau angesehen.

Wer sich all diese Arbeit nicht machen möchte und zudem die Sicherheit und Gesellschaft einer Gruppe bevorzugt, für den sind Gruppenreisen ideal. Die Teilnehmer zahlen viel Geld für diesen Service. Maria nennt es „betreutes Reisen", denn während ihrer gesamten Reise werden sie von einer Reiseleitung begleitet, die vor Ort alles organisiert. Für Besuche von Museen und Ausgrabungsstätten werden meist Reisebusse angemietet.

Für Individual-Camper wie uns ist es manchmal nicht einfach, wenn zu viele oder zu große Gruppen die Campingplätze bevölkern. Es gibt leider Reiseleiter und Teilnehmer, die wenig Rücksicht auf andere Camper nehmen und dann den Eindruck vermitteln, ihnen würde für die Zeit ihres Aufenthaltes der gesamte Campingplatz gehören.

Ich gebe es gerne zu, so manches Mal sorgen Gruppen allerdings auch für Unterhaltung.

Nach dem wir uns auf unserem Platz in der unteren Etage eingerichtet hatten und es schon fast Mittag war, hab ich mich durchgesetzt. Das Orakel wartet bis morgen auf meinen Besuch und ich darf zugucken wie das so ist, wenn zwei Gruppen den Campingplatz entern. War super. Wir haben uns dazu zeitweise auf eine kleine Steinmauer mitten auf den reservierten Teil des Platzes gesetzt. Ich glaub nicht, dass die Reiseleitung der ACSI-Gruppe davon begeistert war. Dabei sind gerade die sehr professionell vorgegangen. Bei denen gibt es keine Diskussionen, wer sich wo hinstellt. Die Reiseleitung, ein Ehepaar, hat auf jeden Platz eine Nummer gelegt und somit klar gestellt, wer wo stehen wird. Zudem hat sich das Paar mit Sprechgeräten verständigt. Sie hat am Eingang die Teilnehmer in Empfang genommen und ihrem Mann dann die Nummer durchgegeben, so dass alle ruck zuck auf ihren Plätzen standen. Bei der zweiten Gruppe von ANWB, lief das anders. Den Teilnehmern wurde der zur Verfügung stehende Bereich gezeigt und dann gab es Diskussionen darüber, wer wo stehen darf. Ein vorwitziger ANWB Teilnehmer musste dann auch sein Auto von einem ACSI zugeteilten Platz entfernen.

Alle Teilnehmer solcher Gruppenreisen haben an ihrem Wohnmobil oder Wohnwagen Schilder mit dem Namen des Veranstalters und einer Zahl. Ist ganz praktisch, denn so kann ich leicht erkennen, wer da unterwegs ist und Rückschlüsse auf die Größe der Gruppe ziehen. Richtig gut ist, wenn die Teilnehmer dann auch noch Schilder mit ihren Namen an ihren Mobilen haben.

Jedes Unternehmen, das Gruppenreisen anbietet, hat eigene Fahnen und mindestens eine davon flattert bei den Reiseleitern leicht im Wind. Für uns ist allerdings nicht die Fahne interessant, sondern die Aushänge, denn da können wir ganz genau das Tagesprogramm der Gruppe nachlesen. Gerade im letzten Jahr haben wir bei der ANWB Gruppe einen für uns interessanten Ausflug entdeckt, den Maria gerne machen möchte. Eine Wanderung vom Campingplatz aus durch den großen Olivenhain bis in den Hafen von Itea. Zurück geht es dann mit dem Linienbus, der praktischerweise direkt vor dem Campingplatz hält.

Die Bucht von Itea.

Das Orakel von Delphi

Am nächsten Tag war ich soweit, ich war fit für den Besuch beim Orakel von Delphi.

Das Orakel von Delphi war dem Gott Apollon geweiht. Apollo muss Multitaskingfähig sein, denn er ist in der griechischen und römischen Mythologie auch der Gott des Lichts, der Heilung, des Frühlings und noch für viel mehr zuständig. Hatten gut zu tun, die griechischen Götter. Delphi war in der Antike einer der wichtigsten Orte Griechenlands und liegt, das muss ich wirklich sagen, in einer beeindruckenden Landschaft und ist auch heute ein gut besuchter Ort. Zwar kommen, außer mir, nicht so wie in der Antike wichtige Leute und Herrscher, um das Orakel um Rat zu fragen, sondern Touristen. Die wollen nix vom Orakel, sondern wollen, oder im Falle von Schulklassen müssen, die Reste des Ortes besichtigen. Lohnt sich, gibt viel zu sehen, ist aber, da Delphi an einem Hang liegt, auch anstrengend. Ich hatte schon unendlich viele Fototermine in Delphi und bin da stets sehr geduldig. Ist ja klar, ich will einen guten Eindruck auf das Orakel machen. Natürlich wird es nicht immer gern gesehen, wenn ich in einer Ausgrabungsstätte sitze und fotografiert werde. Offizielle „Aufpasser" sind mit einer Pfeife ausgestattet, die eingesetzt wird, sollten Besucher abgesperrte Bereiche betreten oder gar auf Mauern steigen. Obwohl ich immer ganz ruhig sitze wenn ich fotografiert werde, nichts anfasse was nicht erlaubt ist und auch nicht auf antiken Resten sitze, hat sich hier in Delphi schon mal eine

Reiseleiterin über mich aufgeregt. Verstanden habe ich das nicht.

In Wolfgangs Orakelbuch von Philipp Vandenberg hab ich gelesen, wie das hier mit der Befragung ablief und wundere mich, dass ich mich einfach nur ganz ruhig und freundlich hinsetze und wie von Geisterhand meinen Orakelspruch schriftlich bekomme.

Das Orakel weissagte nur an jedem siebten Tag eines Monats und hat dazu noch drei Monate Winterpause gemacht. Jeder, der das Orakel befragen wollte, brauchte einen Assistenten und hatte sich an der Kastalischen Quelle einer Reinigungsprozedur zu unterziehen. Das wär ja so gar nix für mich gewesen und die Orakelbefragung war nicht umsonst. Vor der Befragung musste ein Honigkuchen geopfert werden und den haben die Orakelpriester für viel Geld verkauft. War ein kompliziertes System. Ich hätt mich gar nicht trennen können von einem Honigkuchen. Ob die auch einen angeknabberten Kuchen genommen hätten?

Zusätzlich wurden dem Orakel Geschenke mitgebracht. Für diese Mitbringsel gab es richtige Schatzhäuser. Ich hab dem Orakel noch nie irgendetwas mitgebracht, einen Augenblick Zeit mit mir zu verbringen ist Geschenk genug. Übrigens hab ich eine kleine Schatztruhe. Da ist allerdings so gut wie nix drin, mir bringt ja auch nie jemand mal irgendwas mit. Auch haben viele Feldherren und Könige Statuen aus Marmor von sich anfertigen lassen und die dann Delphi, zusätzlich zu den ganzen anderen Schätzen, gestiftet. Sollte ich mich vielleicht auch als Marmorstatue verewigen und in Delphi als Dank aufstellen lassen? Nur, wo finde ich einen akzeptablen Baumeister? Michelangelo lebt ja leider nicht mehr, hab ja schon vor seinem Grab gesessen. Maria meint, ich bringe da was durcheinander, Michelangelo hat nicht in der Antike gelebt. Weiß ich selber, ich ja auch nicht!

Ich hab jedenfalls ohne Assistenten, ohne Reinigungsprozedur, ohne Weihegeschenk und Honigkuchen meinen Orakelspruch bekommen.

Er lautet: „Großzügigkeit und Nachsichtigkeit könnten belohnt werden!" Frag mich nur, warum könnten und nicht werden. Maria meint, das Orakel wird sich schon was dabei gedacht haben. Nur was? Ich bin immer absolut großzügig und auch nachsichtig mit meiner Menschin. Andererseits habe ich nur gute Erfahrungen mit Orakelsprüchen gemacht, also heißt es wieder, sich in Geduld zu üben.

Nach dem Besuch der Ausgrabung geht's ab ins Museum. Besuchen wir gerne, schließlich sind hier die Fundstücke aus Delphi mit entsprechenden Erklärungen zu sehen. Kostet auch nix extra, ist im Eintrittspreis enthalten. Ich glaub, wenn ich tatsächlich eine Marmorstatue von mir anfertigen lassen und dem Orakel schenken würde, gäbe es für die Statue im Museum einen eigenen Raum mit eigenem Aufpasser. Genau wie für die Figur, die Maria sich hier besonders gerne und besonders lange anschaut, den Wagenlenker! Der Wagenlenker ist eine etwa 1,80 Meter große Bronzefigur die absolut sehenswert ist. Wie der Wagenlenker 1896 gefunden wurde, beschreibt Philipp Vandenberg sehr anschaulich in seinem Buch „Das versunkene Hellas". Maria liebt diese Figur. Ist auch nicht verboten, den Wagenlenker zu fotografieren, darf nur niemand sonst mit auf dem Foto sein, nicht mal ich. Hab trotzdem ein Foto von ihm und mir, Wolfgang ist auch mit drauf. Hat Maria vor einigen Jahren gemacht, als die Aufpasserin im Nachbarraum geschwatzt hat.

Übrigens, ganz umsonst ist der Besuch beim Orakel auch heute nicht und ich finde wir müssen ernsthaft überlegen, ob wir Maria in Zukunft bei Ausgrabungen und Museen draußen warten lassen. Wir machen für sie ein paar Fotos und sparen das Eintrittsgeld für sie. Ich brauch ja nie Eintritt bezahlen, Wolfgang, weil er über 65 ist, nur die Hälfte und Maria muss den vollen Eintrittspreis bezahlen. Also ist sie Teuer! Wir sind ja Rentner, also ich eigentlich nicht, und Rentner haben ja weniger Geld zur Verfügung, aber mehr Zeit. Andererseits ohne meine Menschin? Ne, das geht nicht!

Kloster Osios Loukas

Am nächsten Tag haben wir einen Ausflug zum Kloster Osios Loukas gemacht. Was für ein Ausflug! Schneebedeckte Berge, sehr viele bunte Blümchen, blauer Himmel, Sonnenschein und dann das Kloster mit seinen Mosaiken aus dem 11 Jahrhundert.

Das Kloster Osius Loukas ist eines der drei bedeutendsten byzantinischen Klöster Griechenlands und gehört zur Liste des Weltkulturerbes der Unesco. Auf dem Rundgang durch die Klosteranlage besucht man neben den beiden Kirchen mit ihren Ikonen, Mosaiken und Fresken unter anderem auch eine Klosterzelle. Ich war schon in einer Klosterküche, einem Refektorium und auch in einer Schreibstube, aber da, wo Mönche oder Nonnen schlafen, war ich vorher noch nie. Ich hoffe wir fahren da wieder hin. Mal sehen, was ich dann entdecke.

Warum ich mich auf der Rückfahrt mit meinem Wunsch nach einem kleinen Ortsbummel weder in Arahova noch in Delphi durchsetzen konnte, verstehe ich nicht. Macht Maria doch sonst so gerne. Arahova ist ein hübscher kleiner Gebirgsort und ganz in der Nähe liegt ein großes Skigebiet. Ich hatte auch gelesen, dass es hier guten Honig, Käse und Wein geben soll. Nicht mal in Delphi haben wir einen richtigen Geschäftebummel gemacht, dabei gibt es dort schönen Silberschmuck. Mag Maria doch. Aber nein, von ihr kam nur „Wir brauchen jetzt weder Lebensmittel noch Silberschmuck". Ja, sie vielleicht nicht, aber was ist mit mir? Ich glaub, das lag an ihrem Kaffeedurst und den Kaffee wollte sie mit Blick auf die Bucht von Itea genießen. Schließlich sollte es für uns nun weitergehen nach Athen.

Auf dem Weg ins Kloster.

Weiterfahrt nach Athen

Da galt es noch, eine wichtige Entscheidung zu treffen! Die Frage war, welchen Campingplatz nehmen wir in Athen. Wir hatten im Internet recherchiert, welches Ziel die Gruppen nach ihrer Zeit in Delphi ansteuern würden. Nächstes Ziel der ACSI-Gruppe war Athen. Na super, ausgerechnet Athen! Wir waren lange nicht dort, doch diesmal hatten wir einen Aufenthalt dort fest eingeplant. Besonders ich, denn ich hoffe dort erfüllt sich mein Orakelspruch.

Im Internet stand nicht, welchen der beiden Athener Campingplätze die ACSI Gruppe ansteuern würde, also hat Wolfgang die Reiseleiter gefragt. Der Reiseleiter war stumm und seine Frau sehr unfreundlich. Sie hat Wolfgang glatt gesagt, wenn er das wissen will, soll er bei ihnen eine Reise buchen. Geht's noch? Hallo, wir wollten doch nur wissen, ob sie den gleichen Platz nehmen wie wir. Sie hat es ihm nicht gesagt. Mit so einer zickigen Reiseleiterin würde ich nicht auf Reisen gehen wollen. Warum sagt sie es nicht und hat gleich einen Prospekt mit den Reiseangeboten von ACSI parat? Sollte mal bei Maria in die Lehre gehen. Die kann das, Fragen freundlich beantworten und sie dann zu Werbezwecken nutzen.

Ist schon sehr praktisch, dass Reisegruppen ihr Tagesprogramm aushängen. Wir waren uns sicher, da finden wir die Antwort auf unsere Frage, schließlich ist das für alle Reiseteilnehmer eine notwendige Information. Wir hatten Glück, die Reiseleitung war gerade nicht zu sehen, so konnten wir den Aushang in Ruhe studieren. Hätte die Reiseleitung uns bemerkt, wären mit Sicherheit Anschlagtafel und Fahne sofort verschwunden.

Die Gruppe will, war ja irgendwie klar, genau wie wir am nächsten Tag auf den Campingplatz Athens. Der Platz

Camping Athens liegt strategisch günstig an der achtspurigen Ausfallstraße nach Korinth mit guter Busanbindung zur Stadt und ist damit nun mal unsere erste Wahl. Ist zwar Tag und Nacht ein lauter Platz aber auch eine richtig grüne Oase mitten in einem Wohngebiet.

Die Schweizer neben uns haben auf Camping Athens einen Platz reserviert. Vorsichtshalber, denn sie hatten von anderen Campern gehört, die mangels freier Plätze abgewiesen wurden. Die Holländer hinter uns wollten auf den uns unbekannten Platz Nea Kifissia. Der Platz liegt östlich des Stadtzentrums in einem ruhigen Vorort. Auch von dort soll die Athener Innenstadt gut mit Öffentlichen Verkehrsmitteln erreichbar sein.

Wir hatten noch nie erlebt, dass Camping Athens ausgebucht war, und einen Stellplatz reserviert haben wir bisher ausschließlich auf deutschen Campingplätzen, um uns ganz bestimmte Stellplätze zu sichern. Ohne meine Meinung einzuholen, ich wäre für reservieren gewesen, beschlossen meine Zwei es zunächst auf Nea Kifissia zu versuchen. Den Platz wollten sie immer schon mal kennenlernen. Wir haben uns die Platzbeschreibung im Campingführer angesehen und unserem Navi Bescheid gesagt, wo es uns hinführen darf. Vielleicht hätte es uns stutzig machen sollen, dass die WEB-Seite des Platzes nicht erreichbar war. Ich glaube Maria war einfach froh, dass damit klar war, ab Theben geht es über die Autobahn nach Athen. Wäre Camping Athens unser Ziel, würden wir in Theben rechts abbiegen und die Landstraße runter nach Elefsina nehmen. Dort biegt man dann links ab auf die breite Straße die Athen und Korinth miteinander verbindet und erreicht Camping Athens, ohne durch Athen fahren zu müssen. Nea Kifissia liegt auf der anderen Seite von Athen und da ist logischerweise die Fahrt über die Autobahn die bessere Wahl. Maria liebt die Strecke über die Landstraße nicht besonders. Von Theben runter bis zur Schnellstraße sind es nur knapp 50 Kilometer aber sie findet, die haben es in sich. Wolfgang und ich sehen das anders. Gut, die Straße ist zum Teil schmal, kurvig und der Straßenzustand könnte manchmal auch besser sein, aber es ist eine Abkürzung und spart Autobahngebühren, wenn Camping Athens das Ziel ist.

Athen

Wir Drei fahren also frohen Mutes am nächsten Morgen los und alles ist gut. Als wir uns dem Großraum Athen näherten, wurde es interessant und sehr abwechslungsreich. Am Himmel waren mehrere Flugzeugstaffeln im Formationsflug unterwegs. Sie donnerten von allen Seiten über die Autobahn hinweg und das in sehr niedriger Höhe. Ich fand es spannend, so was hatte ich noch nie gesehen. Komisches Gefühl, als uns auch Flugzeuge von vorne entgegen kamen und ich das Gefühl hatte, den Piloten in die Augen sehen zu können. Ne, das ist nicht übertrieben. Super waren auch die farbigen Kondensstreifen, die die Flugzeuge in den Himmel malten. Ich wusste gar nicht, wo ich zuerst hingucken sollte. Hauptsache, Wolfgang konzentriert sich auf das Fahren. Das war ein echtes Spektakel und manchmal etwas unheimlich, allerdings nur für Maria, nicht für mich.

Nach dieser Flugshow blieb es spannend, schließlich wusste nur unser Navi, wie wir zu dem uns unbekannten Campingplatz fahren würden. Das hätte uns gerne warnen dürfen, ist aber wahrscheinlich sauer auf uns, weil wir zu oft den Stecker ziehen um es auszuschalten oder seine Ansagen konsequent ignorieren.

Wir haben den Platz nach einer anstrengenden Fahrt durch einen engen Athener Vorort gefunden und dann? Der Eingangsbereich sah eigenartig aus. Irgendwie wirkte der Platz verlassen. Wir sind vorsichtig und fahren nicht durch das geöffnete Eingangstor auf den Campingplatz sondern Parken das Gespann in der gegenüberliegenden Straße. Maria und ich bleiben im Auto und Wolfgang ist auf den Platz gegangen, mal gucken was da los ist. Der Platz ist geschlossen! Wieso weiß der ADAC das nicht, da steht er im aktuellen Campingführer und im Internet wird er vom ADAC genau wie Camping Athens empfohlen. Ich glaub es nicht, da quälen wir uns mit unserem Wohnwagengespann durch einen lebhaften Vorort, erreichen eine mehr als ruhige Straße und dann? Nix ist!

Ich gebe nicht auf! Ich hab mich so auf Athen gefreut und ich bin sicher, mein Orakelspruch soll sich in Athen erfüllen!! Camping Athens liegt auf jeden Fall auf unserem Weg zum

Peleponnes, also lasse ich nicht locker. Es ist noch früh am Tag und wir können doch wenigstens mal fragen, ob Camping Athens für uns Drei einen Stellplatz frei hat. Beim Eingeben der Koordinaten von Camping Athens ins Navi habe ich Maria unterstützt, nicht dass da was schief geht. Gott sei Dank hat unser Navi ein Einsehen und schickt uns nicht durch die Vorstadt zurück auf die Autobahn, sondern in die andere Richtung auf die alte Nationalstraße Richtung Korinth. Da hatten meine Zwei einen Wiedererkennungseffekt, auf der Straße sind sie vor Jahren durch Athen gefahren und immer an der gleichen Stelle falsch abgebogen. Okay, ohne mich und ohne Navi, allerdings bin ich nicht sicher, ob das Navi sich hätte durchsetzen können. Wir erreichen Camping Athens erstaunlich schnell, parken vor der Einfahrt und Wolfgang ist auf den Platz zur Rezeption gegangen. Diesmal wäre ich gerne mitgegangen, wir wollten hier 2 – 3 Nächte verbringen, ich persönlich wäre schon glücklich über nur eine Nacht. Entsprechend nervös war ich, weil ich Wolfgang das nicht gesagt hatte, und jetzt besorgt war, er könne eine einzige Nacht ablehnen. Nach einer mir endlos erscheinenden Zeit kam Wolfgang in Begleitung der Campingplatzchefin, die sehr abschätzend unser Gespann betrachtete. Ich vermute, der Anblick von MIR! hat dafür gesorgt, dass wir tatsächlich bleiben durften. Ich glaub, sie hat mich wieder erkannt, bin ja nicht das erste Mal hier und ich glaub sie mag mich. Wir haben einen Platz gleich beim Eingang bekommen, die perfekte Eingangskontrolle. Der Gärtner musste noch rasch ein paar

Äste entfernen und wir den Wohnwagen ein wenig ins Gebüsch schieben, aber dann passte es. Ein Platz für uns für zwei Nächte! Perfekt! Glück gehabt. Die Schweizer aus Delphi, die, die reserviert hatten, sind auch schon da und haben natürlich einen besseren Platz. Aber wenn man wie meine Zwei meint, nicht reservieren zu müssen, freut man sich auch über einen Gebüschplatz. Nach dem wir uns häuslich niedergelassen hatten hab ich etwas Druck gemacht, ich wollte gleich weiter in die Stadt. Schließlich weiß man nie was kommt, und ich war sicher, der Orakelspruch aus Delphi sollte sich hier in Athen erfüllen: Ein Hardrock-Cafe-Sweatshirt Athen für mich! Bei unserer Ankunft auf dem Platz war von der ACSI-Gruppe noch nichts zu sehen, allerdings durften die laut Plan erst ab 14 Uhr anreisen. Ich hab meinen Beiden eine kleine Mittagspause zugestanden, hatte natürlich den Vorteil dass wir noch vor unserem Stadtbummel einige Teilnehmer der ACSI-Gruppe begrüßen konnten. Die Reiseleitung hat sich bestimmt sehr gefreut, uns zu sehen.

Bei unseren früheren Aufenthalten hier gab es die Busfahrkarten an der Rezeption, jetzt haben wir lediglich einen Zettel bekommen, auf dem die für uns passenden Buslinien stehen. Die Fahrkarten gibt es jetzt am Fahrkartenautomaten. Hoffentlich können wir uns mit dem verständigen. Auch findet man nicht an jeder Bushaltestelle einen Fahrkartenautomaten und klar, an der Haltestelle direkt gegenüber vom Campingplatz steht natürlich keiner. Nein, dafür muss man die

Straße ein Stück in Richtung Korinth entlang laufen und das hat für Maria den Vorteil, wir überqueren die achtspurige Straße an einer Ampel! Ist auch ein Vorteil für Wolfgang und mich, hat manchmal lange gedauert, bis Maria die Lücke zum Überqueren der Straße groß genug erschien. Meine Sorge, ob wir uns mit dem Fahrkartenautomaten verständigen können, war völlig unbegründet, der ist superschlau. Der kann verschiedene Sprachen, sogar Deutsch. Nicht schlecht. Mit einer Fahrkarte für 1,40 Euro darf man 90 Minuten Bus und Bahn fahren. Will man länger unterwegs sein, entscheidet man sich am besten gleich für eine Tageskarte. Die Tageskarte ist tatsächlich 24 Stunden gültig und nicht so wie bei uns, nur einen Kalendertag. Nachdem wir, ich hab ein bisschen geholfen obwohl ich persönlich ja kein Ticket brauchte, erfolgreich unsere Fahrkarten in den Händen hielten, haben wir Holländer beim Ticketkauf unterstützt. Mit älteren Leuten an einen Automaten gehen und Ihnen bei der Bedienung helfen, das kennt Maria ja von ihrer Arbeit bei der Haspa. Da hat sie täglich Kunden am Geldautomaten unterstützt. Ähm...wir sind auch ältere Leute.

Natürlich sind wir nicht, wie vom Campingplatz empfohlen, bis zur Endhaltestelle des Busses gefahren und dann mit der Metro weiter zur Station Monastiraki, sondern wir sind genau da ausgestiegen, wo früher die Endhaltestelle des Busses war und durch die Athinas zur Plaka gelaufen. Das ist für mich in Ordnung solange die Plaka, Athens Altstadt, unser Ziel bleibt.

Ich greife jetzt mal vor. Zurück sind wir später mit der roten Metro-Linie zu der Station Larissa, der jetzigen Endhaltestelle der für uns richtigen Buslinien gefahren. Wären wir schon bei der Hinfahrt dort gewesen, hätten wir gewusst, wo der Bus hält und wären auf der Suche nach der richtigen Haltestelle nicht durch die Gegend gestolpert. Aber so sind sie halt, meine Zwei. So haben sie behauptet, sie hätten jetzt wieder ein Gefühl für die Stadt. Also sie wissen wieder wo was ist. Klar, haben ja auch einen Stadtplan und in der Plaka, Athens Altstadt zu Füßen der Akropolis, haben wir uns von Marias Handy zum Hardrock-Cafe führen lassen. Hat einen Augenblick gedauert bis sie verstanden hatten, dass da, wo wir sind der blaue Punkt ist und da wo unser Ziel ist, der rote Punkt. Eigentlich wusste Wolfgang, er hat einen sehr guten Orientierungssinn, ganz genau, wo das Hardrock-Cafe bei unserem letzten Besuch in Athen war, aber die sind umgezogen an das andere Ende der Plaka. Ich wollte da hin und hab mich durchgesetzt. Einfach so bummeln können wir, wenn ich im Hardrock-Cafe war und Maria mir ein Sweat-Shirt gekauft hat. Ich hab zu Recht gedrängelt, gab nur noch 2 Shirts und eins davon hab jetzt ich. Gab einen Pandabären dazu, der gleich von Maria getröstet wurde. Er bekommt ein Zuhause und der Preis dafür ist das Sweatshirt für mich. Super, hätte ohne Orakelspruch bestimmt nicht geklappt. Ist mein drittes Hardrock-Cafe Sweatshirt, hab eins aus Venedig und eins aus Hamburg. Ich finde es ziemlich blöd, dass wir 2016 in Istanbul nicht im dortigen Hardrock-Cafe waren, um mir eins mit dem Schriftzug Istanbul zu kaufen.

Inzwischen ist das Hardrock-Cafe in Istanbul geschlossen und unsere Versuche, über Ebay ein Istanbul-Sweat-Shirt für mich zu finden, hat nicht funktioniert. Leider. Falls jemand eins hat und mir überlassen möchte, bitte melden. Ich nehme es sehr gerne.

Nachdem für mich wichtigen Einkauf hätten wir meinetwegen sofort zurück zum Campingplatz fahren können, aber da hatte ich keine Chance. Jetzt wollten meine Zwei ganz in Ruhe durch die Plaka bummeln, bevor wir dann endlich den Rückweg angetreten haben.

Der Campingplatz war inzwischen recht voll geworden und es wurden tatsächlich Camper abgewiesen. Da hatten wir Glück gehabt, gut dass wir schon heute Mittag hier angekommen waren. Abends haben wir einen Bummel über den Platz gemacht, wir waren neugierig, wer alles da ist. Oranje, der Holländer aus Delphi jedenfalls nicht. Wo der wohl abgeblieben ist?

Bei der Reisegruppe hing der Plan für den nächsten Tag aus und da die Reiseleitung nicht zu sehen war, haben wir uns angesehen, was die so vorhaben. Um 8:30 Uhr sollte es mit einem Reisebus in die Stadt gehen und die Rückkehr ist für 18:30 Uhr geplant. Dazwischen Besuch der Akropolis, Essen gehen, Wachwechsel vor dem ehemaligen Königspalast ansehen, Stadtrundfahrt und in der Plaka bummeln. Bis auf die Stadtrundfahrt auch unser Programm und die Uhrzeiten werden bei uns auch deutlich abweichen. Wir saßen noch gemütlich beim Frühstück, als die Gruppe an uns vorbei Richtung Bus ging. Ich hatte keine Eile, ich war locker und entspannt. Ich komme schon früh genug zu meinen Fototerminen. Mein Sweatshirt habe ich schon und ich konnte mir nicht vorstellen, dass Maria mir noch was kauft. Obwohl, bei meinem ersten Besuch hier in Athen 2008, hat sie mir in der Plaka ein T-Shirt gekauft. Mein Stinkefinger T-Shirt ist mein Lieblings-T-Shirt. In meinem letzten Buch ist ein Foto vom T-Shirt drin.

Maria hat heute Morgen den gestern von ihr fotografierten Metroplan genau studiert und dabei festgestellt, die Akropolis hat eine eigene Metrostation. Ich war erstaunt, meine Zwei, die zwar mit öffentlichen Verkehrsmitteln in Städte reinfahren, ansonsten allerdings alles zu Fuß ablatschen, wollten tatsächlich vom Bus in die Bahn umsteigen, um direkt zur Akropolis zu fahren. Ausreichend Bewegung gleich zu Beginn hatten sie trotzdem. Maria liebt Rolltreppen nicht so besonders und erst recht nicht, wenn es sich um eilige Rolltreppen handelt. Die Rolltreppen der Athener Metro sind extrem schnell, also heißt es die normale Treppe hochlaufen. Ist gesund und ich hab gemerkt, wie tief unten in Athen die Bahnen fahren. Ich war schon froh, dass da nicht gerade die Erde bebte.

Ich schreib ja keinen Reiseführer, aber Athen ist wie ganz Griechenland ein sehr Geschichtsträchtiger Boden und dementsprechend gibt es viel zu sehen. Details zur Geschichte und den ganzen Ausgrabungen in der Stadt muss jeder selber nachlesen, hab ich auch gemacht. Athen hat seinen Namen von Athene, der Göttin der Weisheit. Das Wappentier der Stadt Athen ist eine Eule. Hab gelesen, dass sich hinter der griechischen Eule der Steinkauz verbirgt, der wohnte an den Hängen der Akropolis und war der Göttin Athene heilig. Die Redensart „Eulen nach Athen tragen" stammt übrigens vom griechischen Komödiendichter Aristophanes, der hat das so um 400 vor Christus in einer satirischen Komödie geschrieben. In Museen hab ich alte griechische Münzen gesehen, auf denen genau wie heute auf der griechischen 1 Euro Münze eine Eule abgebildet ist. Ich finde, ich würde auch sehr gut auf einer Münze aussehen. Die Göttin Athene hat in Athen sogar eine eigene Straße, die Athinas. Diese Straße laufen wir bei jedem Besuch in Athen mehr als einmal ab. Sie ist gut einen Kilometer lang und ungefähr in der Mitte befindet sich der städtische Markt von Athen. Der Markt Varvakios ist der älteste und größte Markt Athens. Also wenn ihr nach Athen kommt, unbedingt den Markt in der Athinas aufsuchen, ist ganz leicht zu finden.

An der Akropolis war fix was los, eine endlos lange Schlange von Menschen am Ticketschalter. Uns hätte der Besuch der Akropolis 30 Euro gekostet. Ich frei, Wolfgang halber Preis (Altersbonus) und Maria wie immer mit 20 Euro am teuersten, dazu die Menschenmassen. Wir haben uns nicht angestellt. Leider, dabei hatte ich mich bestens vorbereitet. Ich weiß allerdings, sich alles in Ruhe anzusehen und zu bewundern kostet viel Zeit und wir müssen doch schon morgen unseren Gebüschplatz räumen. Ich finde es erstaunlich, was die Menschen früher für Gebäude und Säulen gebaut haben. Wie haben die das geschafft? Und warum werden heute meist so komische Glaspaläste gebaut? Die Athener Akropolis ist ein 270 Meter langer, gut 155 Meter breiter und rund 50 Meter hoher Burgfelsen und wird jährlich von 5 Millionen Menschen besucht. Davon stand bestimmt ein großer Teil in der Kassenschlange oder hatte den Burgfelsen bereits gestürmt. Glaub ich.

In meinem neuen Sweat-Shirt in Athen.

Da fällt mir gerade ein, ich hab in meinem Tagebuch von 2008 gelesen, dass wir keinen Eintritt zu bezahlen brauchten. Gibt in Griechenland jedes Jahr einige Tage, an denen Ausgrabungsstätten und Museen kostenlos besucht werden können. Nicht schlecht.

Im letzten Jahr haben wir die Akropolis umrundet, nach dem meine Zwei eine Pause in den, wie sie behaupten hervorragenden Toilettenräumen gemacht hatten. Unsere Umrundung war interessant, wir sind durch ein altes Wohngebiet mit lauter kleinen weißen Häusern gelaufen, hatten immer wieder einen neuen schönen Blick auf die Stadt und kamen dann am Areopag an. Der Areopag liegt gleich neben der Akropolis und ist ein 115 Meter hoher Felsen auf dem in der Antike der hohe Rat, der praktischerweise auch Areopag hieß, tagte.

Bei unserem letzten Besuch hier hat Wolfgang diesen Felsen alleine erklommen. Da gab es nur in den Felsen gehauene Stufen, die sehr ungleichmäßig und glatt sind und kein Geländer, gar nix. Jetzt gibt es für Besucherinnen wie Maria eine Metalltreppe. Gut, durch die Stufen kann man zwar durchgucken, aber das hat Maria interessanterweise nicht gestört. Der Ausblick auf die Stadt, die Akropolis und den Lykabettos ist wirklich grandios. Wir haben viel fotografiert und mein neues Sweat-Shirt kam richtig gut zur Geltung. Das mit den Treppenstufen merke ich mir. Ich hab wegen ihrer Höhenangst schon zu oft erlebt, dass mir schöne Ausblicke entgehen. Kirchtürme oder sonstige Aussichtstürme besteigt sie nur, wenn es entweder einen Fahrstuhl gibt oder ein in ihren Augen vernünftiges Treppenhaus mit geschlossenen Stufen vorhanden ist. Sie ist manchmal so kompliziert. Übrigens, der Abgang in den Hades hat auch eine Gittertreppe! Ändert sich das mit ihrer Höhenangst? Profitiere ich davon? Kann ich dann auch mal auf einen Turm, stehen wir nicht mehr unten und warten auf Wolfgang?

Wo war ich, ach ja der Lykabettos. Der Lykabettos ist ein rund 275 Meter hoher Ausguckberg den man zu Fuß, mit einem Taxi oder einer Seilbahn erklimmen kann. Noch ein Programmpunkt, den meine Zwei einfach streichen. Mist, und sie sprechen nix mit mir ab. Wir hätten die Seil-Bahn nehmen können, müssten ja nicht wie beim letzten Besuch zu Fuß hochlatschen. Aber nein, ich muss auf den Superrundumblick und den Blick von oben auf die Akropolis verzichten.

Stattdessen hieß es Mittagszeit, und damit Essenszeit. Ich kenne das und hab auf die Diskussion über das was und wohin gewartet. Diesmal war das anders, es gab keine Überlegungen sondern es ging zügig zu einem Lokal am Turm der Winde. Hätt ich mir ja gleich denken können, da hatte es ihnen bei unserem letzten Aufenthalt hier in Athen gut gefallen. Ich hab's auch gleich wiedererkannt. Gewohnheitsmenschen halt! Der Turm der Winde ist ca. 13 Meter hoch und wurde im letzten vorchristlichen Jahrhundert erbaut, zu Zeiten von Julius Cäsar. Hab gerade nochmal was über den Turm nachgelesen. Draußen waren früher Sonnenuhren angebracht und drinnen gab es zur Sicherheit noch eine Wasseruhr. Oben rum am Turm sind die verschiedenen Winde die hier so wehen dargestellt.

Meine Hoffnung, meine Zwei würden sich das mit dem Lykabettos nach dem wohl wirklich guten Mittagessen noch mal überlegen, hat sich leider nicht erfüllt. Sie blieben beim Nein und wollten jetzt zum Zeustempel, in den Nationalgarten und zum Königspalast mit Wachablösung gehen. Dazu mussten wir durch die Plaka und da ist es passiert, eins der laut Internet 14000 stechenden Insekten hat Maria mindestens zweimal ins Bein gestochen. Sie neigt nicht dazu, Aua zu sagen. Insofern ist es bemerkenswert, dass sie in diesem Fall gejault hat. Sie hat den Übeltäter sogar noch kurz gesehen, war kein ganz kleines Insekt, und da ihr Bein Tagelang geschwollen und rot gefärbt war, hat sie da wohl Recht. Nach Pause auf einer Bank und Kühlung mit kaltem Wasser, das Wolfgang extra kaufen musste, haben wir die große Mitropoulos Kirche besichtigt. Wir saßen direkt davor. Ist sozusagen Athens Hauptkirche und Griechenlands Könige haben da früher geheiratet.

Zeustempel und Nationalgarten zu finden war einfach. Der Nationalgarten war der Privatgarten der königlichen Familie und wurde 1923 für die Öffentlichkeit freigegeben. Seit 1974 ist Griechenland keine Monarchie mehr und der ehemalige Schlossgarten wurde in Nationalgarten umbenannt. Das ehemalige Stadtschloss und heutige Präsidenten-Palais liegt gleich neben dem Nationalgarten und wir hatten Glück. Kaum waren wir da, begann die Wachablösung.

Evzone werden die Soldaten der ehemaligen Königlich-Griechischen-Leibgarde genannt. Seit der Abschaffung der Monarchie lautet der Name Präsidialgarde und ist genau wie früher eine Elitegruppe. Wer Evzone werden will muss mindestens 1,87 Meter groß sein, erhält eine Spezialausbildung und Handgenähte, noch von einer Königin entworfene spezielle Kleidung. Die Evzonen haben gelernt, nicht auf die vielen Zuschauer (nicht mal auf mich) zu achten und sich nur auf ihre Aufgabe zu konzentrieren. Gibt im Internet Filme dazu. Guckt Euch die mal an oder fahrt einfach nach Athen. Lohnt sich.

Wir sind anschließend gemütlich zurück in die Plaka spaziert, noch ein kleiner Geschäftebummel und klar, nochmal durch die Athinas, obwohl die Markthallen schon geschlossen waren. Maria hat sich in einem Haushaltswarengeschäft ein Kännchen zum Kochen von griechischem Kaffee gekauft. Wie der zubereitet wird muss ich noch mal nachlesen, wir haben dazu einen Artikel aus der Griechenlandzeitung ausgeschnitten. Kaffee, da sind wir wieder beim Thema. Maria hatte Kaffeedurst, also ab in die Bahn und dann standen wir mit ungefähr 1000 Leuten an der Bushaltestelle am Bahnhof Larissa. Laut Fahrplan soll der Bus alle 10 Minuten fahren, nur der Bus scheint das nicht zu wissen. Wir haben gut 30 Minuten in der knalligen Sonne gestanden. Allerdings genau am rechten Fleck, denn als endlich ein Bus kam und seine Türen direkt vor uns öffnete, konnten wir Sitzplätze ergattern.

Wir saßen entspannt und Maria dazu frisch geduscht vor unserem Wohnwagen, als die erschöpfte ACSI-Gruppe planmäßig gegen 18:30 Uhr auf dem Campingplatz eintraf. Wir haben uns später mit einigen Teilnehmern unterhalten, sie hatten einen schönen Tag. Ich auch! Ob unser Sonnenscheinchen, die Reiseleiterin, auch einen schönen Tag hatte, weiß ich nicht. Sie redet nicht mit uns, kann nicht mal guten Morgen oder so sagen.

Ich hab in Marias Urlaubstagebuch von 2004 etwas Interessantes entdeckt. 2004, das Jahr der Olympiade in Athen und meine Zwei waren im Olympiastadion!!! Im Stadion fanden griechische Auswahlwettkämpfe statt (leider hat sie nicht notiert, in welcher Disziplin) und diese Wettkämpfe schienen die Organisatoren als eine Art Generalprobe anzusehen. Alles war komplett durchorganisiert. Von der Metrostation fuhr ein Shuttlebus zum Station und bei der Rückfahrt wurde eine Rundfahrt über das gesamte Olympiagelände durchgeführt.

Für diesen Besuch sind sie damals extra einen Tag länger in Athen geblieben. Einen Tag länger hätte ich im vergangen Jahr auch besser gefunden, schließlich gibt es in Athen so viel zu entdecken, aber da war nix zu machen. Wir mussten unseren

Gebüschplatz räumen und Marias Bein sah irgendwie nicht so richtig gut aus. Was sie da wohl gestochen hat?

Korinth

Athen steht leider nicht bei jeder Griechenlandrundreise auf unserem Programm, meist fahren wir direkt von Delphi aus auf die Peleponnes-Halbinsel.

Hab im Reiseführer gelesen, die Peleponnes-Halbinsel hat die Form eines Maulbeerbaumblattes und deshalb hieß die Halbinsel für eine kurze Zeit im Mittelalter Morea. Morea ist griechisch und heißt Maulbeerbaum.

Von Athen nach Korinth sind es nur gut 80 Kilometer und sozusagen direkt am Eingang zum Peleponnes hab ich immer, also wirklich immer, einen Fototermin am Isthmus von Korinth.

Das griechische Festland und die Halbinsel waren ursprünglich durch eine Landenge, den sogenannten Isthmus miteinander verbunden. An der schmalsten Stelle wurde innerhalb von 12 Jahren ein rund 6 Kilometer langer und 23 Meter breiter Graben gebuddelt. Die Wassertiefe beträgt 8 Meter und die Wände sind bis zu 79 Meter hoch! Dieser Kanal verbindet, ich hab's extra nachgelesen, den Golf von Korinth mit dem Saronischen Golf. Im letzten Jahr haben wir am Kanal ein Buch über den Kanal von Korinth gekauft. Ist spannend, was da so drin steht. Schon 2500 Jahre bevor der Kanal gebaut wurde, haben die Menschen von ihm geträumt. Hat also ganz schön lange gedauert, bis zum ersten Spatenstich durch einen griechischen König im Jahr 1881. Hab gelesen, das Orakel von Delphi fand den Bau gar nicht in Ordnung. Es war der Meinung, wenn Zeus gewollt hätte, dass der Peleponnes eine Insel wäre, hätte er dafür gesorgt. Hab auch gelesen, bevor der Kanal gebaut wurde, gab es den Diolkos, eine Pflasterstraße, auf der Schiffe von einem Golf zum anderen Golf transportiert wurden. War sehr kompliziert. Von dieser Pflasterstraße sind Reste erhalten, da geh ich bei meinem nächsten Besuch am Kanal mal nachgucken. Der Kanal hat den Schiffen, die von Athen zur Adria wollten, rund 185 Seemeilen erspart. Nicht schlecht. Heute sind viele Schiffe zu groß für den Kanal, so dass der Kanal nur noch von rund 30 Schiffen täglich genutzt wird. Wann fahren die? Gibt es da einen Plan? Ich wäre gerne mal wieder am Kanal, wenn da ein Schiff durchfährt. In meinem Kanalbuch hab ich gesehen, dass der Kanal abends beleuchtet ist und wieso waren wir dann noch nie abends da? Und wieso haben wir noch nie eine Fahrt durch den Kanal gemacht? Gibt doch extra Ausflugsfahrten.

Das Festland und die Peleponnes-Halbinsel werden durch mehrere Brücken miteinander verbunden. An den Enden des Kanals gibt es absenkbare Brücken. Ich hab ganz schön geguckt, als ich die das erste Mal gesehen habe. Wenn die Brücken wieder auftauchen, liegen Fische auf der Brücke und bevor Fußgänger oder Autos die Brücke passieren dürfen, werden die Fische eingesammelt, und wieder zurück ins Wasser geworfen.

Ich hab eine Superidee für einen Krimi. Die Brücke geht hoch und neben den Fischen liegt eine Leiche. Ob das schon mal passiert ist?

Da wo wir immer anhalten und in den Kanal gucken, ist heute die Tourist-Area, gibt dafür eine eigene Autobahnausfahrt. Muss man aufpassen um die nicht zu verpassen, die taucht ganz plötzlich auf. Ich kenn noch die Zeiten ohne Autobahn, als der ganze Verkehr die herrliche alte Brücke nutzte. Hat immer ganz schön gewackelt, wenn da Lastwagen fuhren. Stellt Euch mal Maria vor, die trotz Höhenangst die 79 Meter runter in den Kanal guckt und dabei auf einer Metallbrücke steht, die unablässig wackelt.

Tradition bei einem Halt an der alten Brücke ist ein Besuch im dortigen Supermarkt. Meine Zwei haben schon bei ihrem ersten Kanal- Besuch hier ihren Kühlschrank aufgefüllt. Maria hat hier unzählige Honigdosen für sich und ihren Papa gekauft. Ich überlege gerade, doch für mich auch schon mal eine ganz kleine Dose Honig. Für ihre Schwester hat sie hier meist kleine Dosen mit Weihrauch gekauft.

In Marias Tagebuch von 1998 hab ich zum Thema Supermarkt am Kanal auch was Erzählenswertes gefunden. Sie waren damals mit Ihrem VW-Bus unterwegs und hatten einen Brennspirituskocher dabei. Im Supermarkt wollten sie eine Flasche Brennspiritus kaufen, wussten allerdings nicht, wie Brennspiritus auf Griechisch geschrieben wird. Kein Problem für Wolfgang, er schnappt sich eine Flasche von der er denkt, es könnte sich um Brennspiritus handeln, öffnet die Flasche mühsam, spritzt mit dem Inhalt rum, stellt fest, ist kein Brennspiritus und stellt die Flasche zurück ins Regal. Ich glaub Maria hat so getan, als wenn sie nicht zu ihm gehört. Hätt ich auch gemacht.

Im letzten Jahr waren wir in unmittelbarer Nähe vom Kanal auf dem Campingplatz Isthmia Beach. Für uns kein unbekannter Platz, allerdings lag unser letzter Aufenthalt hier schon länger zurück.

Auf den ersten Blick sah der Campingplatz ganz ordentlich aus, die Oleanderhecken auf eine hübsche Höhe gestutzt und die vielen Orangenbäume gefielen uns auch. Meine Beiden waren nach einer Inspektion der Sanitäranlagen von denen nicht sonderlich begeistert und das will was heißen. Ich hab sie mir nicht angeguckt, weiß allerdings, meine Zwei sind da nicht extrem anspruchsvoll. Mir gefiel unser Plätzchen mit Meerblick in der ersten Reihe. Den Blick wollte ich gerne ein paar Tage genießen. Für mich ging es allerdings zunächst zum traditionellen Fototermin an den Kanal. Und was war? Nix mit Fototermin, es war zu windig. Bin ja froh, dass Maria sich immer um mich sorgt und ich sie selten auf für mich gefährliche Situationen hinweisen muss, also zumindest wenn ich aus großer Höhe irgendwo hinfallen könnte und sie mich… ah da will ich nicht drüber nachdenken. Jedenfalls wollten wir vermeiden, dass ich in den Kanal geweht würde. Sich selbst hat sie am Kanal ein Kochbuch gekauft, da scheinen einige interessante Rezepte drin zu stehen. Wolfgang ist später nochmal zum Kanal gefahren, um für Marias Schwester ein Mitbringsel-Kochbuch zu kaufen. Auch dieser Campingplatz war gut besucht, rein Blicktechnisch wurden wir von anderen Campern ganz schön ins Visier genommen. Zum Beispiel von einem älteren Schweizer, der lieber seine Frau angucken sollte als immer zu uns rüber zu starren. Die hinter den Schweizern haben sogar extra ihre Stühle so hingestellt, um eine gute Sicht auf uns zu haben. Maria meint zwar, könnte auch sein, sie wollten das Meer richtig sehen. Glaube ich nicht. Kieler Wohnmobilisten wollten von meinen Beiden wissen, ob das Wasser warm ist. Die waren da aber noch gar nicht drin gewesen, schließlich war es Ende Mai und da ist das Wasser hier mit Sicherheit noch kalt. Die Kieler waren der Meinung, als Norddeutsche hätten meine Beiden doch schon längst im Wasser sein müssen. Marias Antwort: Vielleicht ist ja genau das der Grund. So verfroren wie die Kieler nach ihrem Bad im Meer aussahen, war das Wasser wohl tatsächlich ziemlich kalt. Am nächsten Morgen haben dann auch die Kieler auf das Bad im Meer verzichtet und waren stattdessen am Strand Joggen. Das sah sehr lustig aus, ist ja kein Sandstrand, sondern ein sehr unebener Steinstrand.

Am nächsten Tag sollte es dann eigentlich in die Ausgrabungen von Korinth gehen. Marias Wunsch!!!! Und? Sie wollte nicht, und Schuld hatte das blöde Insekt aus der Plaka in Athen. Ihr

Bein schmerzte und juckte. Sie hatte nachts meinen Bärenschlaf ziemlich gestört, ständig ist sie aufgestanden, um ihr Bein mit Salbe zu versorgen. Morgens haben wir es dann gesehen. Ihr Bein, also nur die Wade, war Feuerrot und geschwollen. Muss sehr wehgetan haben, sonst hätte sie nicht auf den Besuch der Ausgrabungen von Korinth verzichtet. Sie hatte sich so darauf gefreut. Maria kann sich ewig lange die feinen Steinmetzarbeiten ansehen und wenn sich dann daneben noch Blümchen...... Oh je, dann brauchen wir viel Geduld.

Wenigstens blieben mir die Erinnerungen an einen früheren Besuch. Korinth ist eine antike Stadt, deren Besuch sich wirklich lohnt. Über ein Schild am Eingang hatte ich mich damals gewundert, da stand drauf, dass man nix Aufheben und Mitnehmen darf. Das ist ja wohl klar, darf man doch in keiner Ausgrabungsstätte und hab ich auch noch nie gemacht. Maria auch nicht. Uns ist viel wichtiger, dass wir fotografieren und uns alles in Ruhe angucken dürfen. Das ging gut in Korinth, da war fast nix abgesperrt. Außer mir waren noch andere wichtige Persönlichkeiten in Korinth, zum Beispiel Julius Cäsar, Alexander der Große und natürlich Paulus. Über die Reisen von Paulus in Griechenland haben wir sogar 2 Bücher. In einem hab ich etwas geblättert und etwas Interessantes gefunden. Paulus soll genau wie ich in Dion gewesen sein. Dion war damals eine Hafenstadt und von dort soll Paulus so um 49/50 n. Chr. nach Athen gesegelt sein. Gesegelt bin ich noch nie und nach Athen fahren wir mit dem Auto.

Übrigens, einen Teil seines Reichtums hat das alte Korinth tatsächlich den Korinthen zu verdanken. Ich hab gelesen, dass die Korinthen aus den Trauben der Rebsorte Korinthiaki gewonnen werden.

Maria hat den ganzen Tag ihr Bein gekühlt. War schon recht praktisch, dass wir genau neben einem Wasserhahn standen. Unsere Nachbarn drum herum haben Sie genau beobachtet, aber was los ist, hat keiner gefragt. Wahrscheinlich, so meine Theorie, fragt niemand, weil es so aussieht, als wenn sie ein ganz großes Feuermal am Bein hat. Die wundern sich vielleicht alle eher, warum sie es kühlt. Es hat übrigens sehr lange gedauert, bis von diesem „Feuermal" nix mehr zu sehen war.

Nachmittags haben andere Camper für meine Kurzweil gesorgt. Auf den Platz wo der alte Schweizer gestanden hatte, kam ein Paar mit Wohnwagen ohne Mover. Für alle die es nicht wissen: Mit einem Mover wird ein Wohnwagen zu einer Art ferngesteuertes Auto. Wenn es nicht möglich ist, den Wohnwagen auf den gewählten Stellplatz mit dem Auto perfekt einzuparken, hilft der Mover. Den Wohnwagen per Hand zu rangieren ist anstrengend und manchmal, wenn der Platz uneben ist, ohne Hilfe anderer Camper nicht möglich. Ich fand es interessant, den Neuankömmlingen zu zugucken. Wolfgang glaubt ja, das wären Neucamper. Ich glaub es wird Zeit, dass ich Wolfgang Handschuhe schenke, die er dann genau wie andere Camper anziehen kann, wenn er was auch immer am und mit dem Wohnwagen macht. Ich hatte auch noch nie gesehen, dass jemand Löcher gräbt, um den Wohnwagen gerade hinzustellen. Ist keine Alternative zu unseren Auffahrkeilen, schon eher die kleine Luftmatratze, die ich heute Morgen bei Holländern entdeckt hatte. Das hatte ich auch noch nie gesehen, ein Wohnwagenrad auf einer Luftmatratze.

Bis die Neuankömmlinge mit dem Standort ihres Wohnwagens zufrieden waren, hat es lange gedauert und sie haben, bis es soweit war, verschiedene Nachbarn eingespannt. Überrascht war ich, als der Mann sich dann erschöpft in einen Campingstuhl fallen ließ und sich eine Flasche Bier öffnete, während die Frau den Zeltteppich ausgelegt und mit Zeltnägeln befestigt hat. Bevor auch sie sich hinsetzen durfte, musste erst das Frischwasser im Wohnwagen von ihr aufgefüllt werden. Die Arbeitsteilung meiner Beiden sieht ganz anders aus. Maria hat noch nie Wasser nachgefüllt oder Zeltnägel in die Erde gekloppt. Ich auch nicht.

In Marias Tagebuch vom 8.6.2004 hab ich etwas ausgesprochen Interessantes entdeckt. Sie hat notiert, dass ein Familienvater aus Fürstenfeldbruck seit den frühen Morgenstunden die Sonne beobachtet, dafür am Strand viele Geräte aufgebaut hat und ständig in sein Diktiergerät spricht. Leider hat sie nicht notiert, was er alles aufgebaut hat. Zumindest hat sie mitgekriegt, dass es um die Venus geht und um etwas was nur alle 122 Jahre vorkommen soll. Selbst ist der Bär, ich hab mir Marias Computer geschnappt und einfach 2004 und Venus eingegeben und schon wusste ich Bescheid. Das war ein Venus Transit, das heißt, da ist die Venus zwischen Erde und Sonne durchgewandert und war als kleiner schwarzer Punkt zuerkennen.

Echt Maria, da passiert was ganz seltenes und sie bekommt es nicht richtig mit. Übrigens hat sie dieses Jahr ein Buch über Sterne und Planeten zum Geburtstag bekommen und im Dezember waren wir im Planetarium, da ging es um den Stern von Bethlehem.

An unserem letzten Abend auf dem Platz Isthmia Beach waren meine Zwei noch mit dem Auto unterwegs. Ich wollte nicht mit, ich wollte den Blick auf`s Meer genießen. Sie waren in Loutraki, einer kleinen Stadt ganz in der Nähe von Korinth, mit vielen Hotels. Außerdem ist Loutraki bekannt für sein Quellwasser. Das wird direkt dort abgefüllt und in ganz Griechenland verkauft. Haben wir auch schon häufig getrunken. Meine Zwei wollten eigentlich einen kleinen Geschäftebummel und einen Spaziergang an der Strandpromenade machen. Und was haben sie wirklich gemacht? Unser Auto von einem netten jungen Mann waschen lassen und sind dann gleich zu mir zurück gekommen. Haben wir Drei gemeinsam den Blick auf`s Meer genossen.

Nauplia/Tolo

Den Besuch der Ausgrabungen von Korinth hat uns so ein blödes Insekt verdorben, auf den Besuch des antiken Theaters von Epidauros wollte ich nicht auch noch verzichten. Ich liebe es, im Theater zu sitzen. Auf dem Campingplatz am Kanal mochten wir nicht länger bleiben, war ja auch unklar, wann Marias Bein bereit ist, zum Besuch einer Ausgrabungsstätte.

Also Platzwechsel, Wolfgang und ich hatten ganz in der Nähe des Antiken Heiligtums einen uns noch unbekannten Campingplatz ausgesucht. Vor uns lagen damit nicht mal 50 Kilometer allerschönster Küstenstraße. Unser Navi hatte keine Probleme, uns zum Campingplatz zu führen. Und dann? Ich konnte es kaum glauben, liegt er meinen Beiden zu Einsam. Einsam? Der Platz liegt direkt am Meer in einem Pinienwald und scheint gut besucht zu sein. Sie schauen ihn sich nicht mal genau an und meine Wünsche wurden mal wieder ignoriert. Ich hätte mir den Platz gerne richtig angesehen und ich bin auch jetzt noch sicher, dort meine Lieblings-ACSI-Gruppe gesehen zu haben. Die hätten sich bestimmt gefreut, mich zu sehen.

Mir war gleich klar, meine Zwei wollten einfach nur auf den uns wohlbekannten Campingplatz Kastraki in Tolo. Warum fahren wir dann nicht gleich ohne Umweg dahin? Der Platz liegt ebenfalls am Meer und in einem Pinienwald. Hat allerdings gegenüber dem Platz bei Epidauros einen für meine

Zwei entscheidenden Vorteil, er liegt am Ortsrand von Tolo. Statt 2 Kilometer, war ich auf einmal 36 Kilometer von meinem antiken Theater entfernt. Mist, ich war mir nicht sicher, ob wir jetzt noch den versprochenen Ausflug nach Epidauros machen würden.

Tolo mit Camping Kastraki ist vertrauter Boden, keine Griechenlandreise ohne Aufenthalt hier. So sind wir halt, Gewohnheitsbär bzw. Gewohnheitsmenschen.

Hier hab ich viel erlebt. Hier wurden wir 2008 frühmorgens um 5 Uhr von einem Erdbeben aus dem Schlaf gerissen und sind alle Drei nur so aus unseren Betten gesprungen. Marias Papa hatte dazu in Hamburg im Videotext gelesen, dass das Beben eine Stärke von 5,7 auf der Richterskala hatte, in 80 Kilometer Tiefe lag, und ganz in unserer Nähe stattfand. Tausende von Menschen und ein Bär wurden aus dem Schlaf gerissen.

Hier haben wir am Strand Löschflugzeuge beobachtet, die im Meer Wasser getankt haben, um die Löscharbeiten in einem Waldgebiet ein Stück die Küste runter zu unterstützen. Ich war schon froh, dass die das in den Griff bekommen haben.

Hier hab ich einen italienischen Motorradfahrer gesehen, der jeden Morgen gehüllt in einen eleganten Morgenmantel über den Platz schritt. Das hatte Stil. Ich hab Maria dazu gebracht, ihn heimlich zu fotografieren. Das Foto muss ich mir mal raussuchen.

Hier habe ich viele Jahre einem netten älteren Mann zugesehen, der jeden Tag mit einem Dalmatiner im Schlepptau seinen Karren über den Platz schob und für leere Mülltonnen und einen sauberen Platz gesorgt hat.

Hier werden zweimal am Tag die Sanitäranlagen gnadenlos mit einem Wasserschlauch abgespritzt. Vorzugsweise genau dann, wenn Maria duscht. Kann man nix machen.

Hier haben mir meine Zwei 2010 einen schlimmen Abend bereitet. Schon tagsüber hatten sie sich mehrfach mit den Stuttgartern, die mit ihrem Wohnwagen gleich hinter uns standen, unterhalten. Und dann, ich konnte es kaum glauben, verabreden sich meine Zwei doch glatt für den Abend mit den Stuttgartern. Wenn ich gewusst hätte wie das endet, wäre ich mitgegangen und hätte dafür gesorgt, dass rechtzeitig Schluss ist. Meine Zwei wissen doch, nächtliches Geplapper auf einem Campingplatz ist für andere Camper und müde kleine Bären ruhestörender Lärm. Zwar waren außer den Stuttgartern und uns nur sehr wenige Camper auf dem Platz, aber ICH war da und ich wollte schlafen. Aber nein, sie sitzen da draußen und reden und reden. Ich wusste bis dahin gar nicht, welche Länder meine Beiden schon bereist hatten, hab mich danach mit ihren alten Urlaubsreisen beschäftigt. Ihre Erzählungen hatten mich neugierig gemacht. Die Reiseberichte der Stuttgarter waren übrigens genauso interessant. Als dann auch noch gegenseitig die Wohnwagen besichtigt wurden, war ich echt stinkig. Das ging mir zu weit, ich gehe doch auch nicht so einfach fremde

Wohnwagen besichtigen, noch dazu nachts. Meinen Protest hat Maria überhaupt nicht beachtet. Maria ist nun wirklich kein Nachtmensch. Warum sie also erst um 00:30 Uhr mit dem ruhestörenden Lärm Schluss gemacht haben, weiß ich nicht. Ich war froh, als sie endlich im Bett lagen und schliefen.

Die wirklich sehr netten Stuttgarter haben sich am nächsten Tag für ein Abschiedsfoto mit mir fotografieren lassen. Sie sind weiter Richtung Norden gefahren, die Eltern ihrer griechischen Schwiegertochter besuchen und für uns ging's weiter nach Olympia.

Hier nutzt Maria bei jedem Aufenthalt die Waschmaschinen. Vor 2 Jahren hatten wir die große Wäsche schon hinter uns, als zwei ältere Paare mit zumindest äußerlich völlig identischen Wohnmobilen auf den Platz gefahren kamen. Wir standen günstig, ich konnte sie gut beobachten. Erst haben sie mehrere Runden über den Platz gedreht auf der Suche nach einem für sie geeigneten Stellplatz. Kaum standen die Wohnmobile, wurden die Waschmaschinen inspiziert und dann mussten die Männer die Waschmaschinen bewachen, bis die Frauen mit Wäsche und Waschmarken auftauchten. Was die wohl gemacht hätten, wenn Maria vor ihren Frauen mit Wäsche und Waschmarke aufgetaucht wäre?

Hier gibt es gleich neben dem Platz eine kleine Ausgrabungsstätte, Ancient Asini. Ich verstehe nicht, warum wir da immer nur dran vorbeigehen oder fahren. Ich will da mal rein, ich will gucken, was die da zu bieten haben. Wir können ja auch mal was machen, was ich will.

Tolo selbst ist ein netter kleiner Ort und vom Campingplatz gut zu Fuß zu erreichen. Gehen wir gerne Bummeln. Gibt neben den Hotels für die Pauschaltouristen noch kleine typisch griechische Häuser und wenn da die meist älteren Bewohner auf einer Bank oder einem Stuhl davor sitzen und ich freundlich Grüße, lächeln sie genauso freundlich zurück.

In Tolo gehen meine Beiden gerne Essen und weil sie ja Gewohnheitsmenschen sind, haben sie dort ein Lieblingsrestaurant. Lange vor meiner Zeit, wohl als das Restaurant gerade eröffnet wurde, haben sie dort auf der Terrasse zum ersten Mal ihr Essen mit Meerblick genossen. Vom Campingplatz aus gesehen, liegt das Restaurant fast am anderen Ende des Ortes, nicht weit vom Hafen entfernt. Ist ganz praktisch, haben sie vor und nach dem Essen etwas Bewegung.

Kein Aufenthalt auf Camping Kastraki ohne mindestens einen Abstecher nach Nauplia. Nauplia, von 1829 – 1834 provisorische Hauptstadt Griechenlands, liegt malerisch am Argolischen Golf und soll, wie ich gelesen habe, der eleganteste Ort der Peleponnes sein. Die Stadt ist Osmanisch und Venezianisch geprägt, eine perfekte Mischung. Ich glaub, auch deshalb kommen viele Kreuzfahrtschiffe nach Nauplia. Von der Festung Palamidi, die liegt 216 Meter hoch, hat Bär einen schönen Blick, vorausgesetzt seine Menschin schafft es, die rund 900 Stufen hochzulaufen. Hochfahren ginge auch, ist aber langweilig. Richtig Spaß macht ein Bummel über den Wochenmarkt. Der ist samstags und wenn es für uns passt, füllen wir da unsere Obst- Gemüsebestände auf.

Unseren Ausflug nach Epidaurus haben wir im letzten Jahr tatsächlich gemacht. Marias Bein wurde zwar nur sehr langsam besser aber auch sie wollte genau wie ich nicht auf Epidauros verzichten. In der Antike wurde in Epidauros Asklepios, der Gott der Heilkunst, verehrt. Ähnlich wie heute nach Lourdes, kamen in der Antike kranke, auf Heilung hoffende Menschen nach Epidauros.

Für die Behandlung gab es einen festen Ablauf. Nach ritueller Reinigung, Kulthandlungen und Arztgespräch wurden die Patienten schlafen geschickt, waren wahrscheinlich nach dem umfangreichen Programm auch richtig müde. Die Betten standen im Abaton, einer gut 70 Meter langen Säulenhalle. Wenn sie dann endlich eingeschlafen waren erschien ihnen im Traum Asklepios in der Gestalt einer Schlange und verriet Ihnen wie sie Gesund werden. Als Dank für ihre Genesung haben sie Geld und Weihegeschenke da gelassen. Ich glaub nicht, dass ich mir einen Heilschlaf in Epidauros hätte leisten können, bin ja nicht mal Krankenversichert. Ich glaub allerdings auch nicht, dass die Behandlung eine Kassenleistung gewesen wäre.

Das Theater von Epidauros stammt aus dem 4. Jahrhundert v. Chr. und es hatte Platz für über 12000 Zuschauer. Von Bären meiner Größe wären es mindestens doppelt so viele Zuschauer. Was wäre das für ein Anblick! Das Theater wird auch heute noch für Aufführungen genutzt, da wäre ich gerne mal dabei. Da fällt mir eine witzige Geschichte ein, die ich in Marias Tagebuch aus dem Jahr 1998 gelesen habe. Ich weiß nicht genau, wann meine Zwei das erste Mal in den Ausgrabungen von Epidauros waren. Auf alle Fälle gab es auf der Orchestra einen wunderschönen Mosaikfußboden. Maria, die solche Böden liebt, hatte sich auf den Anblick gefreut und war entsprechend mit einem Fotoapparat ausgerüstet. Und dann? Kein Mosaikboden, der war lediglich für eine Aufführung ausgelegt worden. Wegen Marias Höhenangst war ich bisher nur einmal in den oberen Rängen des Theaters. Da hatte Wolfgang mich mitgenommen und Maria hat mich von unten fotografiert. Im vergangenen Jahr ist Maria mit mir in die oberen Ränge aufgestiegen. Ich war überrascht, führe diese Überwindung ihrer Höhenangst auf meinen beruhigenden Einfluss zurück. Ich bin sicher, beim nächsten Besuch gehen wir ganz nach oben. Freue mich jetzt schon darauf.

In Epidauros regt sich auch nie jemand auf, wenn ich dekorativ im Theater, im Stadion oder mittenmang lauter Blümchen oder alter Steine sitze und fotografiert werde. Im letzten Jahr haben dort sogar die Museumswächter lächelnd von ihren Handys hochgeguckt.

Klar mussten wir in Epidauros für Maria wieder viel Eintrittsgeld bezahlen, aber wir können sie doch nicht jedes Mal draußen warten lassen. Also ich hatte freien Eintritt, Wolfgang musste 6 Euro bezahlen und Maria hat uns 12 Euro gekostet. Wird Zeit, dass sie älter wird.

Wenn ich demnächst hoffentlich wieder auf dem Campingplatz in Tolo bin, werde ich auf einem weiteren Ausflug bestehen. Mykene mit seinem Löwentor und Tiryns mit seinen Zyklopenmauern stehen auf meinem persönlichen Wunschzettel. Maria wird mich sicherlich unterstützen, sie kennt beide Orte und hat wahrscheinlich bereits konkrete Pläne in Sachen Fotografie. Bei meinen Recherchen zu diesem Buch bin ich immer wieder auf Pausanias gestoßen. Pausanias, der im 2 Jahrhundert n. Chr. lebte, ist viel gereist und hat genau wie ich über seine Reisen Bücher geschrieben. Seine Bücher sind sehr detailliert und halfen und helfen Archäologen bei ihren Ausgrabungen. Ob meine Bücher auch irgendwann Archäologen helfen? Pausanias hat auf seiner Griechenlandreise auch Tiryns besucht und war von den Mauern so beeindruckt, dass er sie mit den Pyramiden von Ägypten verglichen hat. Die Pyramiden würde ich mir auch gerne ansehen. Marias Schwester hat vor Jahrzehnten tatsächlich am Fuße der Pyramiden gezeltet. Das geht schon lange nicht mehr. Schade.

Nach dem Besuch in Epidauros haben wir uns vor unserer Weiterreise nach Gythion einen Campingplatztag in Tolo gegönnt. Ich wollte in Ruhe an meinem Urlaubstagebuch schreiben, wurde jedoch durch die Ankunft einer Gruppe abgelenkt. Nein, nicht meiner Lieblingsreisegruppe, sondern einer Reisegruppe von ANWB. ANWB ist genau wie ACSI ein holländischer Anbieter von Gruppenreisen. Interessanterweise waren keine Plätze vorab als reserviert gekennzeichnet gewesen. Ich hab mir gleich Marias Tablet geschnappt, ich wollte wissen, wie deren Reiseprogramm aussah. Das übliche, Reisedauer 45 Tage, Hinreise auf dem Landweg und Rückreise per Fähre. Doch eine Besonderheit habe ich gefunden, diese Gruppe wurde von 4 Reiseleitern begleitet. Zwei waren für den üblichen Organisationskram zuständig und zwei für die Technische Leitung. Dabei handelte es sich um ein Ehepaar, wie alle Teilnehmer schon etwas älter. Der Mann war früher als Pannenhelfer tätig und seine Frau als Pflegekraft im häuslichen Bereich. Ich hab`s schon immer gesagt, Gruppenreisen sind betreutes Reisen. Ich meine das nicht negativ, glaub allerdings auf Grund meiner langjährigen Beobachtungen von Gruppenreisenden, dass viele der Teilnehmer ohne die Sicherheit der Gruppe so manches schöne Reiseziel nicht ansteuern würden oder überfordert wären.

Gythion

Am nächsten Morgen war fix was los auf dem Campingplatz. Maria war gerade unter der Dusche, als der Strom ausfiel. Panik im Waschhaus! Nicht bei Maria, die war bloß froh, bereits mit dem Haare waschen durch zu sein und dass wenigstens das kalte Wasser nicht auch noch ausfiel. Das ist allerdings interessant, weil eigentlich gibt es hier warmes und auch kaltes Duschwasser nur gegen Geld. Kostet nicht viel, 20 Cent und die zur Verfügung stehende Zeit reicht locker für stressfreies Duschen. Regt meine Zwei auch nicht auf, ist ja bestimmt nur wegen der Strandbesucher, die die Duschen verbotenerweise nutzen. Maria war cool, hat sich über das kalte Wasser gefreut und wie sie es nennt, Wasserspiele gemacht.

Das Campingplatzpersonal hatte allerdings richtig Stress, da auch das Notstromaggregat immer wieder ausfiel. Übrigens, so ein Notstromaggregat macht viel Lärm und weckt auch den letzten Camper. Die ANWB-Gruppe hat auch nur halb geduscht, ihren Ausflug nach Epidauros angetreten und ob alle einen Morgenkaffee genossen hatten, da war ich mir auch nicht sicher.

Da das Aggregat immer nur kurz durchhielt, brauchte auch unsere Kaffeemaschine zwei Anläufe. Maria spielte schon mit dem Gedanken, unseren Gaskocher zum Kaffeewasser kochen zu nutzen. Den Gaskocher brauchte sie nicht mal für Wolfgangs Frühstückseier, der hatte Dank der Stromausfälle endlich mal perfekte Frühstückseier. Müssen wir uns merken, den Eierkocher immer mal kurz abschalten und schon gibt es perfekte Frühstückseier. Ich hatte schon überlegt, ob vielleicht ganz Griechenland keinen Strom hat. Könnte ja sein, Streik oder so. Maria war, was das anging, tiefenentspannt. Ich glaub ja, sie fühlte sich mit einem Male wieder ganz jung. Stromausfälle, die hatten meine Zwei in den Achtzigerjahren in der Türkei häufiger. Wir haben beim Bezahlen an der Rezeption nicht gefragt was los war, aber wenn es doch ein Streik gewesen wäre, woher hätten wir dann den Diesel für unser Auto bekommen?

Wobei wir dann schon beim nächsten Thema sind. Manchmal bin ich echt fassungslos über das, was sich bei uns abspielt. Meine Zwei sind Gewohnheitsmenschen und manchmal schrecklich unflexibel. Wolfgang hat zwar Recht, an so mancher kleinen griechischen Tankstelle besteht die Möglichkeit, sich mit einem Wohnwagengespann festzufahren, aber warum er zum Tanken unbedingt zur Shell-Tankstelle nach Nauplia wollte, verstehe ich immer noch nicht. In den letzten Tagen sind wir mehrfach an dieser Tankstelle vorbeigefahren, warum hat er da nicht schon getankt?

Den Weg zu unserem Tagesziel Gythion kennen wir. Einmal durch Nauplia, ein Stück am Meer entlang und dann hoch in die Berge. Genau diese schöne Strecke hat mir das blöde Navi versaut. Warum wir viel Geld für neue Straßenkarten ausgegeben haben, wenn die dann doch nur unbeachtet im

Auto liegen, verstehe ich nicht. Meine Zwei wissen doch ganz genau, unser Navi liebt Autobahnen und glaubt, so manche Strecke, die völlig in Ordnung ist, wäre für uns ungeeignet. Okay, zunächst war auch alles in Ordnung, Wolfgang wollte in Nauplia bei Shell tanken, dann das Navi ignorieren, durch die zum Teil enge Stadt und am Wasser entlang fahren und dann sollte es hoch in die Berge gehen. Nur, jetzt kommt`s, die Tankstelle lag nicht auf unserer Straßenseite. Marias Bemerkung, dass wir an weiteren Tankstellen vorbeikommen würden, hat Wolfgang ignoriert. Abbiegen ging nicht, also weiter geradeaus und beim nächsten Kreisverkehr zurück zur Shell-Tankstelle. Klar durften wir an der Tankstelle dann auch nicht links abbiegen, also rechts rum und statt dann zu wenden, mied Wolfgang nun die Ortsdurchfahrt, die wir schon zigmal mit dem Wohnwagen gefahren sind und hält sich stattdessen brav an die Anweisungen des Navis. Wolfgang war sicher, das Navi will uns nur die Ortsdurchfahrt ersparen und lässt uns ansonsten unseren gewünschten Weg am Meer entlang und hoch in die Berge fahren. Das war wohl nix, es hat unsere Arglosigkeit ausgenutzt und uns weit weg von Nauplia direkt zur Autobahn geschickt. Klar gab es zwischendurch Chancen, die Richtung zu ändern. Die nicht genutzt zu haben, hat uns später ziemlich geärgert. So sind wir einen großen Teil unserer Tagestour auf einer ziemlich langweiligen und teuren Autobahn gefahren. Ich, um eine wunderbare kurvenreiche Strecke gebracht worden und selbst Maria, die sich ja eigentlich hätte freuen können so langweilig nach Gythion zu kommen, war wenig begeistert von unserem Fahrtag.

Aber dann für mich der Ausgleich!!!! Da war sie wieder, meine Lieblings-ACSI-Gruppe. Juhu, die Reiseleitung hat sich glaub ich, riesig gefreut, als ich fröhlich winkend an ihnen vorbei fuhr. Was für ein Zufall, hier liegen immerhin drei Campingplätze direkt nebeneinander. Wir saßen mit einem Becher Kaffee gemütlich vor dem Wohnwagen, als der Reiseleiter seine Gruppe auf die reservierten Stellplätze verteilt hat.

Seit diesem Fahrtag mache ich Wolfgang auf jede Shell-Tankstelle an der wir vorbeikommen aufmerksam. Findet er nicht witzig, aber ich.

Gythion ist eine kleine Hafenstadt am lakonischen Golf im Süden der Peleponnes-Halbinsel und für mich Neuland. Ich bin gespannt, meine Beiden waren schon häufiger hier und haben mir Ausflüge versprochen.

Die Campingplätze liegen westlich des Ortes an einem langen Sandstrand, nicht schlecht. In Marias alten Tagebüchern habe ich gelesen, dass Gythion ein Paradies für Surfer sein soll. Scheint zu stimmen, hier sind viele Surfer. Gibt auf dem Campingplatz einen extra Bereich zum Reinigen und aufbewahren der Surfbretter. Ich lausche ja gerne den alten Geschichten meiner Beiden und habe sehr interessiert zugehört, als Maria mir von Wolfgangs Schlauchboot erzählt hat. Ich wusste bis dahin nicht, dass er tatsächlich mal ein größeres Schlauchboot mit Motor besaß. 1993 waren sie mit diesem Boot hier in Gythion unterwegs. An einem Tag war Wolfgang stundenlang alleine mit dem Boot unterwegs. Fand Maria nicht so gut, also nicht dass er alleine unterwegs war, nein, die Dauer seines Ausfluges gefiel ihr nicht. Schließlich hatte er nur eine ganz kurze Rundfahrt geplant. Sie war nicht sauer, sie hatte sich Sorgen gemacht und Handys gab es damals ja noch nicht. Maria ist ständig zwischen Wohnwagen und Strand hin- und hergelaufen, hatte teilweise sogar das Fernglas dabei.

Ich glaub allerdings nicht, dass sie dabei fröhlich das Lied „ Ein Schiff wird kommen" gesungen hat. Sie kann nicht singen, trotzdem müssen wir ihren fröhlichen Gesang häufig ertragen.

Wolfgang war übrigens rechtzeitig zum Nachmittagskaffee, gut gelaunt und mit Sonnenbrand, zurück auf dem Campingplatz.

Meine Zwei haben ihr Versprechen gehalten, den ersten Ausflug haben wir tatsächlich gleich am nächsten Tag gemacht. Unser Ziel Monemvassia liegt rund 66 Kilometer östlich von Gythion. Ist eine schöne Tour, zunächst immer an der Küste entlang und gleich hinter Gythion kam, für mich völlig überraschend, ein erster Fotostopp.

Ich war begeistert, ein Schiffswrack! Das Wrack des Frachters Dimitrios strandete im Dezember 1981 am Strand von Valtaki.

Zunächst haben wir das Wrack und mich von einem Parkplatz oberhalb des Strandes fotografiert und sind dann auf mein Drängeln hin für weitere Fotoaufnahmen runter an den Strand gefahren. Unten am Strand gibt es ein Restaurant mit schönen schattigen Parkplätzen auf denen zum größten Teil Wohnmobile standen. Vielleicht ist das ja ein offizieller Wohnmobilstellplatz, für uns auf alle Fälle ein guter Parkplatz für den Strandbesuch beim Wrack. Ich war froh, dass ich da nicht selbst hinlaufen musste. Der Sand war ganz schön heiß. Wolfgang hatte vorsichtshalber seine festen Schuhe anbehalten und Maria? Die hatte Flip-Flops an den Füßen, war also sozusagen Barfuß. Ich glaube, ihre Füße mochten den heißen Sand nicht besonders. Maria hat sie zwischendurch im Meer gekühlt.

Das Wrack ist eine richtige Touristenattraktion, und nicht nur für uns ein gutes Fotomotiv. Ich bin ein mutiger Bär, habe allerdings aus Sicherheitsgründen einen gewissen Abstand zur Dimitrios gewahrt. Was für ein toller Fototermin, ganz ohne Blümchen.

Kurz darauf ein erneuter Fotostopp. Mit dem hatte ich gerechnet, schließlich fuhren wir seit einer Weile durch ein Obstanbaugebiet. Um uns herum nix als Orangenbäume, da war ja klar, dass Maria mich in einem Orangenhain fotografieren wollte. Ich hatte nichts dagegen, aber ich habe auch hier auf Sicherheitsmaßnahmen bestanden. Auf dem Boden des Orangenhains durften keine Pflanzen zu sehen sein, in denen sich heimtückische Schlangen hätten verstecken können. Auch durfte für mich nicht die Gefahr bestehen, von einer herabfallenden Orange erschlagen zu werden. Leider hat Maria mir nicht erlaubt, eine Orange zu pflücken, sie meinte das wäre Diebstahl. Glaube ich nicht, das ist höchstens einfache Wegnahme oder Mundraub.

Monemvassia liegt auf einem großen Felsen direkt vor der Ostküste der Peleponnes-Halbinsel. Ich war gespannt, wie wir darüber kommen. Völlig unspektakulär, gibt einen Damm und unten am Felsen reichlich Parkplätze. Monemvassia besteht aus einer Unter- und einer Oberstadt. Wir wollten nicht nur durch die bewohnte malerische Unterstadt schlendern, sondern auch hoch in die Oberstadt laufen. Ein Felsen mit Oberstadt, in der es eine Kirche und die Reste einer Zitadelle zu bewundern gibt, da fragt sich ein Reisebär mit Erfahrung schon, wie da wohl der Weg nach oben aussieht. Maria, die schon in der Oberstadt war und es wissen sollte, wechselt vor der Eroberung Monemvassias von ihren Flip-Flops zu ihren uralten weißen Sandalen. Ich konnte es kaum glauben und habe ihr meine

Bedenken mitgeteilt. Gut, sie hat Recht, ihre alten weißen Halbschuhe sind vom Profil her auch nicht besser, aber was ist mit ihren Wanderstiefeln? Die sind zwar auch nicht mehr die Jüngsten und wären dennoch perfekt gewesen. Der Fuß hat halt und das Profil ist super.

Monemvassia

Sie ist bei den Sandalen geblieben und hat kurz darauf bitter bereut, nicht auf mich gehört zu haben. Wie von mir erwartet, war der Weg steil und steinig, zudem waren einige Steine ziemlich glatt. Eine gefährliche Situation für mich. Ich fühlte mich in Marias Rucksack äußerst unwohl und meinem Schicksal ausgeliefert. Ich hätte ein Unfallopfer werden können. Sie hätte ausrutschen können und wäre dann sicherlich auf den

Rücken gefallen. Mag ich nicht drüber nachdenken. Inzwischen haben Wolfgang und ich mit ihr vernünftige Halbschuhe gekauft. Bis dahin hab ich bei schwierigem Gelände auf das Anziehen der Wanderstiefel bestanden. War sicherer für mich. Verschwitzte Füße kann man schließlich waschen. Übrigens hab ich auch andere Frauen gesehen, die vorsichtig von ihren Männern den Weg von der Festung nach unten geführt wurden. Hatten auch nix vernünftiges an den Füßen. Zugeben muss ich jedoch, dass der Aufstieg zur Oberstadt sich gelohnt hatte.

Gelohnt hat sich auch ein zweiter Ausflug, zu dem wir gleich am nächsten Tag aufgebrochen sind. Rund 40 Kilometer entfernt von Gythion liegen die Tropfsteinhöhlen von Diros Mani. Das war der helle Wahnsinn! Fast wäre der Ausflug ausgefallen, weil Wolfgang morgens unter Magenproblemen litt. Hat er aber selber gemerkt, dass das nicht geht, und die Tropfen, die ich ihm rübergeschoben habe, genommen. Nach einem Stündchen Ruhepause für ihn im Campingstuhl hab ich gedrängelt. Ich wollte los, obwohl ich nicht so recht wusste was mich erwartet. Meine Zwei, die vor Jahren genau diesen Ausflug schon einmal gemacht hatten, taten sehr geheimnisvoll. Klar, ich kannte die Tropfsteinhöhle von Perama oben in Nordgriechenland und die hatte mir gut gefallen. Die Höhle von Diros Mani zählt zu den größten und farbigsten in Griechenland und man wird in einem kleinen Boot durch die Wunderwelt gefahren. Klar mussten wir Eintritt bezahlen.

Maria war wegen ihres Alters natürlich wieder sehr teuer mit 13 Euro, Wolfgang 8 Euro und ich nix. Hab allerdings auch keine Rettungsweste bekommen, scheinen nicht auf Plüschbären eingerichtet zu sein.

Wie viele Personen in einem der kleinen Boote Platz finden, weiß ich nicht. Ich hab vergessen, die Sitzplätze zu zählen. Schließlich hatte ich alle Tatzen voll zu tun um zu verhindern, dass Maria den uns zugedachten Platz ganz vorne im Boot ausschlägt. Das Boot hat ziemlich gewackelt und wir mussten über einige Sitzbänke steigen, aber Wolfgang und ich haben es geschafft, Maria sicher in der ersten Reihe zu platzieren. Wolfgang saß zum Glück gleich hinter uns. Filmen war leider nicht erlaubt, trotzdem haben wir einige schöne Aufnahmen, die ich mir immer wieder gerne anschaue. Fast 30 Minuten hat die Fahrt durch die Wunderwelt voller Stalaktiten und Stalagmiten gedauert.

Ich bin ja eher klein und brauchte glücklicherweise nicht dauernd den Kopf einziehen. Immer wenn das Boot besonders gewackelt hat musste ich Maria beruhigen, da hatte ich gut zu tun. Allerdings habe ich mich gefragt, was die zahlreichen Rettungsringe und Rettungsinseln, die auf der ganzen rund 1200 Meter langen Strecke verteilt waren, zu bedeuten haben. Glaub schon, dass da mal ein Boot umgekippt ist. Ich hab jedoch nicht nachgefragt, ich war froh, dass alles gutgegangen ist. Ich hab mir einen Prospekt mit schönen Bildern von der Höhle mitgenommen, den wollte ich mir später auf dem

Campingplatz ansehen. Wolfgang ist dann tatsächlich noch mit einem kleinen Buch über die Höhle rausgerückt, das meine Zwei 1993 gekauft hatten. Warum hat er mir das nicht vorher gegeben? Wäre ich gut vorbereitet gewesen. Entweder hatte er es vergessen, oder was ich eher glaube, er wollte mich überraschen. Ist ihm gelungen, was für ein Ausflug. Wir haben es auch geschafft, Maria sicher aus dem Boot rauszukriegen. Sie ist nicht schlimmer als andere Frauen. Ein Mann nannte seine Frau liebevoll Hasenfuß.

Später auf dem Campingplatz sind Maria und ich mit Ratzeburgern ins Gespräch gekommen. Sie werden auf ihren Reisen auch von einem kleinen Bären begleitet. Sie erzählten, es wäre ihr zweiter Reisebegleitbär, ihren ersten Bären haben sie in Kolumbien verloren. Sie glauben er ist, von ihnen unbemerkt, unter ihr Hotelbett gefallen. Sein Fehlen war ihnen zu spät aufgefallen. Furchtbares Bärenschicksal! Ich bin froh, dass Maria immer auf mich aufpasst.

Meine Lieblings-ACSI-Reisegruppe war inzwischen nach Pylos, ganz im Südwesten der Peleponnes-Halbinsel, gefahren. Ist schön dort, ich kann mir allerdings nicht vorstellen, dass die Gruppe den Campingplatz Navarino Beach angesteuert hat. Ist schon für uns immer schwierig, dort unterzukommen. Der Platz wird viel von Touristen angefahren, die dort ihren gesamten Urlaub verbringen und mindestens ein Jahr im Voraus für sich einen Platz reservieren. Der Platz liegt direkt an der Bucht von Navarino und wir verbringen dort sehr gerne spontan einige Urlaubstage. Auf dem Platz hat Maria vor einigen Jahren einer Griechin für wenig Geld einen großen Beutel Orangen abgekauft. Hat sie zu Hause zu leckerem Orangengelee verarbeitet.

Wir haben im Wohnwagen ein Fernglas, das wir gerne nutzen, um Schiffe zu beobachten. Das hat Maria auch auf dem Campingplatz Navarino Beach gemacht, dann aber lieber bei einem Schweizer, der gerade Zeitung las, die Überschrift der Bildzeitung gelesen. Muss der Schweizer bemerkt haben, er hat ihr später die Zeitung geschenkt. Sie ist manchmal so peinlich. Auch für uns hieß es am nächsten Tag Abschied nehmen von Gythion, ich wollte nach Olympia.

Olympia

Orakelsstätte, Heiligtum des Zeus und Geburtsort der Olympischen Spiele liegt im Nordwesten der Peleponnes-Halbinsel. Spezialgebiet des Orakels waren Fragen zum Thema Krieg. Die Olympischen Seher haben daher nicht nur in Olympia geweissagt, sondern sind mit den Kriegsherren auf die Schlachtfelder gezogen um mal zu gucken, wann zum Beispiel der beste Zeitpunkt für einen Angriff oder eine Friedensverhandlung war. Für meine Fragen nicht das richtige Orakel, ich bin schließlich ein friedlicher Bär.

Interessant finde ich die olympischen Spiele, die in Olympia 776 v. Chr. zum ersten Mal stattfanden. Der Halbgott Herakles veranstaltete die Olympischen Spiele zu Ehren seines Vaters Zeus. Die ersten Spiele bestanden lediglich aus einem Stadionlauf. Ein Stadion ist eine alte griechische Maßeinheit, die einer Länge von 192,28 Metern entspricht. Erst später kamen Wettkämpfe in immer mehr Sportarten dazu. Zunächst durften ausschließlich junge Athener griechischer Abstammung an den Wettkämpfen teilnehmen. Später soll sogar Nero an Olympischen Spielen teilgenommen, und dabei geschummelt haben. Im Jahr 394 n.Chr. hat Kaiser Theodosius die Spiele verboten. War für ihn ein heidnischer Kult, der nicht zum Christentum passte. 1896, also nach mehr als 1500 Jahren Pause, fanden die ersten Olympischen Spiele der Neuzeit in Athen statt.

Ich hab nirgendwo nachlesen können, wie viel Zeit die Läufer im Stadion von Olympia für ihren Lauf benötigten. Waren bestimmt schneller als ich mit meinen kurzen Plüschbeinen. Gestoppt haben wir meine Zeit noch nie. Ich hab auch nicht genug Ehrgeiz um bei Hitze, die in Olympia meist herrscht wenn wir dort sind, sportliche Höchstleistungen zu erbringen.

Ich mag das antike Olympia, auch wenn es gerade dort immer wieder Probleme gibt, wenn Maria mich fotografiert. Ich hätte gerne ein Foto von mir vor den Ruinen des Heratempels, schließlich wird genau dort das Olympische Feuer entfacht. Vor einigen Jahren, ich hatte mich perfekt positioniert und Maria wollte gerade fotografieren, als ein Aufseher von seiner Pfeife Gebrauch machte und unser Fotoshooting verboten hat. Fotos mit Spielzeug vor dem Tempel sind nicht erlaubt. Hallo, ich bin kein Spielzeug! Ich bin ein festangestellter Reisebegleitbär und Schriftsteller. Was hat der Typ da zu pfeifen? Wolfgang hat noch versucht mit ihm zu reden, hat nix genutzt.

Ich bin trotzdem immer wieder gerne in der Ausgrabungsstätte von Olympia. Gibt viel zu sehen, ich war zum Beispiel in den Ruinen der Villa in der Nero gewohnt hat, während seiner Teilnahme an den Olympischen Spielen. Ich hab in der Werkstatt des Bildhauers Phidias gestanden, die Archäologen Dank der Beschreibung Pausanias, Reiseschriftsteller wie ich, finden konnten. Phidias hat in Olympia eine 12 Meter hohe Zeus-Statue aus Gold und Elfenbein angefertigt. Die Statue gehörte in der Antike zu den sieben Weltwundern. Ich hätte absolut nichts dagegen, von mir eine Statue anfertigen zu lassen. Allerdings nur aus Gold oder Marmor. Elfenbein geht nicht.

Ich hatte mich im letzten Jahr auf den Besuch in Olympia gefreut und nicht nur einen Besuch in der Ausgrabungsstätte geplant, ich wollte diesmal auch das Museum der Olympischen Spiel der Neuzeit besuchen.

Zwischen Ghytion und Olympia liegen rund 200 Kilometer. Für mich überraschend, haben wir für diese kurze Strecke 5 Stunden benötigt und zwischendurch nicht mal eine vernünftige Pause gemacht.

Meine Zwei haben aus nostalgischen Gründen nicht den direkten Weg über Sparta nach Olympia gewählt, sondern sich für die malerische Küstenstraße entschieden. Hat mich gewundert, schließlich handelt es sich um eine sehr kurvenreiche Strecke, die uns zudem durch enge, hübsche kleine Orte führte. Besonders eine Ortsdurchfahrt hatte es in sich. Gerade als ich mir erlaubte zu bemerken, dass es sehr ungünstig wäre, wenn uns jetzt ein Bus entgegen käme, stand unser Caddy Schnauze an Schnauze mit einem sehr großen Wohnmobil. Wolfgang kann gut mit unserem Gespann rückwärtsfahren. Wir hätten allerdings sehr weit zurückfahren müssen, um zu einer Ausweichstelle zu gelangen. Der nette Holländer im Wohnmobil wusste offensichtlich genau, wo wir gut aneinander vorbeifahren können. Er schaltete ziemlich schnell in den Rückwärtsgang und fuhr, unterstützt von seiner Frau, rückwärts zu einem kleinen Marktplatz. Da konnten wir gut aneinander vorbeifahren. Wir haben uns bedankt und ich habe dazu noch freundlich gewunken.

Unser gewohnter Campingplatz Alphois in Olympia war proppenvoll. Wir konnten es kaum glauben. Eine Gruppe, nein nicht meine Lieblings-ACSI-Gruppe, sondern eine holländische Wohnmobilgruppe verstopfte den Platz. Wir wurden nicht abgewiesen, uns wurden die Reservestellplätze angeboten. In zwei Tagen würde die Wohnmobilgruppe gegen zwei andere Gruppen ausgetauscht werden und wir hätten dann die Möglichkeit, auf einen Platz am Swimmingpool zu wechseln.

Mist! Zähneknirschend haben wir einen der Reservestellplätze akzeptiert, Es war sehr heiß, wir waren müde und hatten doch Pläne für unseren Aufenthalt hier.

Nach kurzer Beratung haben wir Drei (ja ich habe mit entschieden) beschlossen, wir bleiben eine Nacht, dann geht es weiter ans Meer. Angesichts der Temperaturen von rund 36 Grad wollten wir auf den Besuch der Ausgrabungsstätte verzichten.

Abends waren meine Beiden im Ort bummeln, ohne mich. Ich musste währenddessen schon den Lärm eines Restaurants ertragen. Wir hatten übersehen, dass gleich hinter der Hecke unseres Reservestellplatzes ein Restaurant lag. Wenn wir das vorher gesehen hätten? Ich weiß nicht, jedenfalls haben wir am nächsten Morgen die teure Rechnung für die laute Nacht bezahlt und sind ans Meer gefahren. Hat die Chefin, die sich bei uns über die Gruppen aufgeregt hatte, weil die viel Arbeit bereiten und keine Rücksicht nehmen, etwas irritiert. Machte uns nix aus.

Ans Meer fahren, bedeutete für uns einen der Campingplätze von Kylini zu nehmen. Auf der kleinen Halbinsel Kylini gibt es Thermalbäder, lange Sandstrände, viele Pinien, Eukalyptusbäume und sehr viele Touristen, die dort ihren gesamten Urlaub verbringen. Wir hatten uns im letzten Jahr für einen sehr schönen Campingplatz mit Restaurant, Swimmingpool und wunderschönem Blumenschmuck entschieden. Ein perfekter Abschluss unserer Griechenlandrundreise.

Der Platz hat mir noch besser gefallen, als ich bei einem Rundgang Reservierungsschilder entdeckte. Meine Lieblings-ACSI-Gruppe wollte tatsächlich auch hierher kommen, leider genau an dem Tag, an dem wir uns auf den Weg nach Patras zur Fähre machen wollten. So habe ich lediglich bei unserer Abfahrt vom Campingplatz das Wohnmobil der Reiseleitung vor der Rezeption stehen sehen. Meine Zwei waren nicht bereit anzuhalten, dabei hätte ich mich gerne vernünftig von der Reiseleitung verabschiedet. Wer weiß, vielleicht treffen wir die Reiseleiter irgendwann wieder.

Corona

Geschafft! Mein Griechenlandbuch ist fertig. Wir wollten in diesem Sommer erneut Griechenland bereisen und den Chefs von Camping Hellas und Delphi Camping jeweils ein Exemplar meines Buches schenken. Auch hatten wir uns intensiv mit einer Anfahrt über den Landweg beschäftigt. Wir haben Landkarten gekauft, im Internet recherchiert und ich hatte mich darauf gefreut, neue Länder kennenzulernen. Slowenien, Kroatien, Bosnien-Herzegowina, Montenegro und Albanien müssen nun noch auf meinen Besuch warten.

In Griechenland selbst wollten wir unsere übliche Rundreise genießen. Die Fähre zurück von Patras nach Venedig hatten wir im Januar gebucht. Und was ist? Ein Virus legt die Welt lahm. Meine Zwei sind entspannt, und sie haben ja recht, machen wir die Reise halt im nächsten Jahr. Aufgeschoben ist nicht aufgehoben.

Hauptsache, wir bleiben alle Gesund.